人事に役立つ

ハラスメント 判例集50

弁護士
坂東利国 著

NO HARASSMENT

一般財団法人　全日本情報学習振興協会

はじめに

　本書は、職場におけるハラスメントに関連する近時の主要な裁判例を、ハラスメント予防や相談対応の実務に関わる方々に参照していただくためにピックアップした資料集です。

　裁判例は、パワーハラスメント（第1章）、セクシュアルハラスメント（第2章）、そして妊娠・出産・育児休業等に関するハラスメント（第3章）に分けて掲載しました。近時はパワーハラスメントの事案が増えており、残念なことに自殺事案（遺族による提訴）も増えています。また、ここ5年ほどで、妊娠・出産・育児休業等に関するハラスメントの事案がみられるようになりました（もくじを確認してみてください）。

　なお、職場におけるハラスメントの裁判例の類型は、受け手（被害者）が、行為者や使用者（事業主）に対して慰謝料等の損害賠償を請求するケースと、事例数はそれほど多くはないですが、使用者がハラスメント行為者に対して懲戒等の処分をしたことに対して、行為者が、処分が重すぎるとして処分の無効確認等を求めるケース（処分を争う行為者による請求）との2つに大きく分けることができます。

　そこで、本書では、パワハラ（第1章）とセクハラ（第2章）については、「(1) 損害賠償請求（受け手による請求)」と「(2) 処分を争う行為者による請求」に分けて裁判例を掲載しました（妊娠・出産・育児休業等に関するハラスメントでは処分を争う行為者による請求の裁判例は見当たりませんでした）。

本書の記述について

　本書は、職場におけるハラスメントに関する実務（ハラスメントを予防するための体制整備や相談対応、カウンセリング等）に関わる方々に、職場におけるハラスメントの実態や会社の対応などの実際をご確認いただけるよう、裁判例の記述を編集しています。

　そのため、複数名の関係者がいるところを主要な者にしぼって記載したり、訴訟の請求内容を一部省略するなど、事案を簡略化しているものがあることをあらかじめお断りいたします。

　なお、下線を引いた箇所がありますが、これは、筆者が、実務において参考になる箇所として注目した部分です。ただ、下線を引いた箇所以外にも参考になる部分は多々あります。

　記述にあたっては、以下の点にも配慮しました。

・各判例の冒頭に、「判例のポイント」を掲載して、判例の事案の特徴や判例から学び取ることができる事実などを箇条書きで記述しました。

・職場におけるハラスメントの事案では、受け手の置かれている状況がハラスメントの判断に影響する場合があります。例えば、一般的な社員への厳しい指導よりも新卒社員のように社会人経験に乏しく対応力に限りのある者に対する厳しい指導の方がパワハラと判断されやすい傾向にあります。また、ハラスメントは、役職的に上の立場の者が下の立場の者を「軽く」みて、ハラスメントに及んだと思われるケースが多くみられます（正社員から派遣社員に対する侮辱的なセクハラなど）。そこで、行為者と受け手がどのような立場にあったかは明記するようにしました。

・パワーハラスメントの事案では、受け手の側に、行為者から厳しい言動を浴びせられる一因となったと思われる言動がみられることがしばしばあります（繰り返されるミスなど）。また、受け手が精神的な問題を抱えていて、それに上司が対応しきれずに受け手がハラスメントを受けたと感じてしまったのではないかと思われる事案もあります。このように、パワーハラスメントには背景があり、これを無視して行為者を処分するだけでは、事態の根本的な解決にならないこともありえます。そこで、このような背景のある裁判例では、できるだけ背景を記載しました。

・どのような言動がパワハラやセクハラに当たるのかわからないという質問が多く寄せられます。そこで、裁判例が不法行為にあたると認定した行為者の言動（違法といえるハラスメント）については、できる限り認定された言動をそのまま記載しました。なお、相談窓口などにおけるハラスメントの事実確認では、ハラスメントの言動は、できる限り「具体的」に聞き取って記録化するべきです（「私を人格的に否定する発言」というような抽象的で誰でも言えるような聞き取りでは、供述の信用性を肯定できません）。裁判例でハラスメントと認定された具体的言動を参考にしてください。

　また、特にパワーハラスメントには、受け手の「過剰反応」ともみられる事

案があり、裁判例でも、受け手がパワハラと主張した言動は不法行為には当たらないと判断しているケースがあります。このようなケースも参考になると思いますので、パワハラが否定された言動についても明記しておくことにしました。

・裁判例を読むと、管理職や事実調査の担当者らの対応ミスによって、訴訟に発展してしまったのではないかと思われるケースがあります（懇親会終了後の酔った役員によるセクハラを社員間の個人的な問題と判断した会社が十分な被害者対応をしなかったために、被害感情が悪化した被害者が退職後に役員と会社を被告として訴訟提起した事案や、事実確認担当者が被害者に不用意な発言をしてしまい、被害感情が悪化してしまった事案など）。これとは対象的に、受け手からの通報・相談をきっかけとして使用者が事実確認を適切に行い、行為者を処分しているといえる事案もあります。これらの「使用者の対応」は、ハラスメント事案が発生した場合の事実確認や被害者・行為者に対する実際の対応例として参考になります。このような参考になる「使用者の対応」がみられた事案は、それを明記しておきました。

・ハラスメントの訴訟は、客観的証拠が少ないために、下級審と上級審とでハラスメントの言動があったと認定するかの判断が分かれるケースも多くみられます。実務でも、事実調査をしたところ、相談者（受け手）が主張する行為者の言動があったと認めてよいものかと迷うこともあります。そこで、相談対応としての事実確認をする際の参考にしていただくために、裁判所がどのような証拠に基づいてハラスメントの言動があったと認定したのか、また、被害者の供述の信用性をどのようにして判断したのかがわかる部分については、判決の「理由」に明記するように努めました。

　なお、ハラスメントに関連する基礎知識とハラスメント相談窓口の実務については「認定ハラスメント相談員試験 公式テキスト」、ハラスメントマネジメントの知識と実務については「ハラスメントマネージャーⅠ種認定試験 公式テキスト」（いずれも全日本情報学習振興協会）で解説していますので、これらもご参照ください。

　本書が、ハラスメント相談対応の実務に関わる皆様のお役に立てると幸いです。

2020 年 2 月　　　　　　　　　　　　　　　　　　　　　　　坂東利国

もくじ

はじめに

第 1 章　パワーハラスメントの裁判例
（1）損害賠償請求（受け手による請求）の裁判例

（2）処分を争う行為者による請求の裁判例

第 2 章　セクシュアルハラスメントの裁判例

（1）損害賠償請求（受け手による請求）の裁判例

凡例

裁判名表記

最判　最高裁判所判決

高判　高等裁判所判決

地判　地方裁判所判決

日付　判決日

（　　）の事件名は、各種判例集を参考に記載しています。

法律名表記

労基法　労働基準法

国賠法　国家賠償法

育児・介護休業法　育児休業、介護休業等育児又は家族介護を行う労働者の福祉に関する法律

男女雇用機会均等法　雇用の分野における男女の均等な機会及び待遇の確保等に関する法律

個人情報保護法　個人情報の保護に関する法律

第1章

パワーハラスメントの裁判例

（1）損害賠償請求（受け手による請求）の裁判例

1．福岡地判 平30.9.14（大島産業事件）

👆 判例のポイント

・職場ぐるみの極めて悪質な「いじめ」に対する慰謝料等110万円の損害賠償請求を認めた判例。

・残業代請求もなされ、認容されている。

ハラスメントの態様等

行為者　　D社長（代表取締役Bの夫で、事実上の代表取締役）

受け手　　V（入社後約1年半の長距離トラック運転手）

行為等

・Vが配送の帰路に温泉に立ち寄ったため帰社が遅れた。これに腹を立てたD社長がVの頭頂部と前髪を刈って落ち武者風の髪型にした上、洗車用スポンジでVの頭部を洗髪し、最終的に丸刈りにした。さらに、他の従業員がVを下着姿にして洗車用の高圧洗浄機を至近距離から噴射し、洗車用ブラシで身体を洗い、D社長は制止しなかった。

・D社長は、Vに対し、下着一枚になって裏の川に入るように命じ、他の従業員に対し、当てたら賞金を与えるとしてVに向けてロケット花火を発射するように命じて発射させ、逃げ出したVに対して石を投げさせた。

・1回目の失踪：Vは点呼後に運送業務に従事せず失踪したが、約1週間

後に戻って勤務を再開した。Ｖは、失踪後会社に戻った際、復帰を認めてもらおうと、常務の指示に従って社屋入口前で数時間土下座した。Ｄ社長は一瞥するも放置した。

・Ｄ社長名義のブログに、作成管理者Ｇが、上記経緯の記載や写真を掲載した。その内容は、Ｖが同僚の従業員からいじめ行為を受けたり土下座をしている写真や、「ホラ吉」「葉山小亀夫」といった侮蔑するような表現が含まれていたが、ブログを確認したＤ社長は、Ｇに対して掲載を止めるよう求めなかった。

・2回目の失踪：Ｖは運送業務後に失踪し、翌日から業務に従事しなかった。

・また、Ｖのトラック運転業務について発生する時間外労働の割増賃金が支払われていなかった。

提訴の事情

Ｖによる提訴

Ｖは、会社に対し割増賃金等約900万円の未払賃金の請求をするとともに、Ｄ社長および会社等に対し、パワハラ行為に対する損害賠償165万円（慰謝料150万円等）を請求して訴訟提起した。

判決の概要

福岡地裁は、会社に対する割増賃金等約900万円の請求を認容するとともに、パワハラ行為に対する損害賠償約110万円（慰謝料100万円等）の請求も認容した。

パワハラに関する裁判所の認定

・Ｄ社長らの行為は、暴行および人格権を侵害する不法行為であり、従業

員の行為についても、D社長の指示ないし制止すべき義務の違反で行われた。

・Vの土下座は<u>Vの自発的な意思によってされることは考えにくい行為</u>であり、強制された不法行為であり、D社長は制止せず放置したからD社長の指示による土下座と同視できる。

・社長名義のブログへの掲載は、名誉毀損行為であり、D社長には防止すべき義務の違反が認められる。

2. 徳島地判 平 30.7.9 （ゆうちょ銀行事件）

> ### 👍 判例のポイント
> ・上司による業務上の注意・指導に悩んだ従業員が自殺した事案。
> ・上司による注意・指導は違法とはいえず、上司には不法行為責任が認められない（使用者の使用者責任も認められない）とする一方で、使用者については安全配慮義務違反による固有の責任を認めて、自殺を含めた損害に対する賠償（約6142万円）を命じた。
> ・裁判所が違法なパワハラと認めない言動（グレーゾーン）の具体例がうかがえる裁判例である。
> ・グレーゾーンであっても放置すると会社が民事責任を問われることがあることがわかる裁判例である。

ハラスメントの態様等

|行為者| GとH（主査としてVが処理した書類の審査を担当）
|受け手| V（入社16年で地域職から事務センター職に異動し、主任として業務に従事した男性従業員）

背景と状況

・Vが異動した職場は、課長D、係長F、主査G・H、主任2名（Vほか1名）、期間雇用社員数名が所属し、席の配置は、D課の斜め前にV、Vの右横がG主査、G主査の前がH主査、G・Hの横にF係長という状況で、Vの状況について、上司は把握できる状態にあった。
・Vは、業務処理のスピードが遅く終業間際に残業を申し出ることが多

く、D課長がGやHら他の社員に仕事を割り振って残業を認めないこともあった。また、Vは頻繁にミスを発生させ、事務室内を小走りにばたばたと動き回ってGやHから注意されたりしていた。

・Vは、赴任後数ヶ月で元の業務への異動を希望し、その後も継続的に異動を希望し続けたが、ハラスメント相談窓口への訴えはなく、数回出されていた異動希望書にもハラスメント等の記載はなかった。他方で、Vは同僚に、「地獄」「早く脱出したい」「こんな所消えて無くなれ」等のメールを送るようになり、実家でもGやHをひどい上司と言うなどしていた。

G・H両主査の言動等

・（強い口調）「ここのとこって前も注意したでえな。確認せえかったん。どこを見たん。」「どこまでできとん。何ができてないん。どこが原因なん。」「何回も言ようよな。マニュアルをきちんと見ながらしたら、こんなミスは起こるわけがない。きちんとマニュアルを見ながら、時間がかかってもいいからするようにしてください。」

（小走りでばたばた走ると）「（大声で）走られん。」「ばたばたうるさい。」

・Vの異動1年後の人員配置変更により、Vが電話をとる回数が増えるとともに、書類のミスとG・H両主査によるミスの指摘が増え、G・Hは、強い口調で叱責するようになり、親しい知人が呼んでいたあだ名「こう」で、「こうっ」と見下すように呼び捨てして叱責した。

・他方で、G主査は、Vら部下の指導に悩み、ストレス障害、自律神経失調症を発症し、Vのことは精神的に受け付けなくなっているなどと発言した。

・Vの異動約1年8か月のころには、Vが他の従業員に「死にたい」と言

6

うようになり、その従業員がG・HやF係長に伝えるが、3名とも真剣に受け止めなかった。このころにはVは体重が15 kg減少し（70 kg→55 kg）、F係長が気にかけるほど体調不良の状態が明らかとなる。
・異動約2年後に、実家に帰省したVが妹に「一生職場から出られない」と嘆き、実家の居室で自殺した（43歳）。

提訴の事情

遺族による提訴

Vの遺族（母）が、Vはパワハラを受けて自殺したとして、会社に対して、使用者責任または雇用管理上の義務違反による債務不履行責任に基づき、約8190万円の損害賠償請求をして提訴した。

判決の概要

徳島地裁は、G・H両主査の言動は違法とまではいえず、G・Hは不法行為責任を負わないから、会社の使用者責任も認められないとしつつ、会社の安全配慮義務違反は認められるので、会社は債務不履行責任として、約6142万円（逸失利益約3582万円＋慰謝料約2000万円＋弁護士費用等）の損害賠償義務を負うと判示した。

理由

不法行為責任の否定

・G・H両主査の言動は、部下に対する指導としての相当性には疑問があると言わざるを得ないが、部下の書類作成のミスを指摘し改善を求めることは社内ルールであり、主査としてのG・Hの業務である上、Vに対する叱責が日常的に継続したのはVが頻繁に書類作成上のミスを発生

させたことによるのであって、理由なくVを叱責していた事情も認められず、G・Hの発言内容は人格的非難に及ぶものとまではいえないから、G・HのVに対する一連の叱責が、業務上の指導の範囲を逸脱し、社会通念上違法なものであったとまでは認められない。

会社固有の責任の肯定

・少なくともF係長は、Vの体調不良や自殺願望の原因がG・Hとの人間関係に起因することを容易に想定できたから、F係長およびD課長は、Vの執務状態を改善し、Vの過度の負担が生じないように異動を含めた対応を検討すべきであったところ、特に対応していないから、事業主には安全配慮義務違反が認められる。

3. 大津地判 平 30.5.24 （関西ケーズデンキ事件）

> ### 👆 判例のポイント
>
> ・繰り返し不適切な行為をする従業員Ｖに対し、上司が我慢の「決壊点」を
> 超えてパワハラ（精神的な攻撃）に及び、これが一因となって、受け手が
> 自殺した事例。
> ・上司の言動の一部について不法行為を構成するとして精神的苦痛に対する
> 慰謝料等（110 万円）を認めたが、不法行為と自殺との相当因果関係は認
> められないとして、自殺についての損害賠償までは認めなかった。
> ・受け手側にも問題行動がみられた。

ハラスメントの態様等

行為者　Ｄ（店長）

受け手　Ｖ（別の家電量販店で 20 年の勤務経験あるフルタイム非正規の
　　　　女性。入社約 3 年。販売・レジ担当）

勤務先　家電量販店

背景

・Ｖは、販売やレジ業務で、社内規定や取扱いに反する不適正・禁止され
ていた処理を繰り返していた（A. 値引対象でない商品を値引き販売し
た、B. テレビのリサイクル料の不適切な処理をした、C. 自ら顧客の修
理品を回収して持ち込み、顧客の修理代金を立替払し、修理品を自ら顧
客に配達しようとした、D. 夫が勤務していた会社に商品を値引き販売
することを繰り返し、販売先が転売していた（当該家電量販店は卸販売

が禁止されていた））。

D 店長の行為

① A.B.C. の行為について、注意書３通を作成させた（注意書は、顛末書や始末書のような性質を有するものではない）。

② B. を注意したところ、「売ってるからいいやん」と述べたため、声を荒げて叱責した（店長自身が、「だから僕この前、ばちんとキレたんです。あんなキレ方、僕はしませんよ、今まで。」と述べたほどの態様）。

③ V に社内ルールを逸脱する不適切な行動が続いたため、被告会社本部から V を販売・レジ業務に関わらない業務に配置換えするようにとの指示があり、適当な配置換え先がなかったため、競合店舗の価格調査業務およびプライス票の作成業務に配置変更することとして V に意向打診した。当該業務は、一人でほぼ毎日競合店舗に赴き全ての商品についての価格調査を 5、6 時間ほどかけて行う極めて特異で過重な内容の業務であったため、V が強い忌避感を示し、「私をやめさせるためですか」と発言した。

④③の配置変更に伴って店舗の従業員全体の担当業務の調整の必要が生じてシフト変更を行ったところ、V の勤務シフトについて、V の希望で土日が勤務日となっていたものから日曜日を休日とするシフトに変更した。

V の自殺

・③④に不満を抱く V と店長との話し合いの翌朝午前に、V は、同僚とのLINE グループに「辞めることにしました」とのメッセージを送信し、自宅で縊頸（いけい）により自死した。

提訴の事情

遺族による提訴

　Vの夫とVの子が、D店長の一連のパワハラによりVが自死したとして、D店長と会社に対し、連帯して約3500万円等の損害賠償を請求して提訴した。

判決の概要

　大津地裁は、③（配置換え指示）のみ不法行為を構成するとして、D店長と会社に対して、連帯して、110万円（Vの慰謝料100万円＋弁護士費用10万円）の支払いを命じた（父と子が各55万円ずつ）。

理由

③（配置換え指示）は、業務の適正な範囲を超えた過重なものであって、強い精神的苦痛を与える業務に従事することを求める行為であるという意味で、不法行為に該当する。

①（注意書の徴求）は、業務上の必要性および相当性が認められる行為であり、パワハラ（業務の適正な範囲を超えて、精神的・身体的苦痛を与える行為）の一環であると評価することはできない。

②（叱責）は、何度も不適切な処理を繰り返したVに十分な反省が見られず、「売ってるからいいやん」と反論されたため、一時的に感情を抑制できずにされた叱責にすぎず、叱責の内容自体が根拠のない不合理なものであったというわけでもないし、これ以外に大声での叱責が反復継続して繰り返し行われていたとか、他の従業員の面前で見せしめとして行われていたなど、業務の適正な範囲を超えた叱責があったわけではないから、パワハラの一環であったと評価することはできない。

④（シフト変更）は、Ｖの配置換えに伴う店舗の従業員全体の担当業務の
調整という業務上の必要性から行われたものであり、意に反するシフト
変更を行ったことのみをもってパワハラの一環であったと評価すること
はできない。

・（パワハラと自死との相当因果関係について）配置換え指示（③）と自
死との間に条件関係（事実的な原因と結果の関係）は認められるが、退
職を飛び越えていきなり自死に至ることは通常は想定できず予見可能性
がないから、配置換え指示と自死との間の法的な「相当因果関係」まで
は認められない（自死についての損害賠償責任は否定）。

・会社は使用者責任（民法 715 条）により D 店長と連帯して責任を負う。

・（原告は会社の職場環境配慮義務違反も主張したが）店長等の管理職従
業員に対してパワハラの防止についての研修を行っていること、パワハ
ラに関する相談窓口を人事部と労働組合に設置した上でこれを周知する
など、パワハラ防止の啓蒙活動、注意喚起を行っていること、相談窓口
が実質的に機能していたことなどから、会社がパワハラを防止するため
の施策を講じるとともに、パワハラ被害を救済するための従業員からの
相談対応の体制も整えていたと認めるのが相当であり、職場環境配慮義
務違反を認めることはできない。

4. 名古屋高判 平 29.11.30 （加野青果事件）

> 👆 判例のポイント
>
> ・先輩従業員による若手従業員に対するパワハラ（精神的な攻撃）により、受け手がうつ状態となり、自殺に至った事例
> ・先輩従業員の言動が不法行為とされ、精神的苦痛の慰謝料等の損害賠償責任（Dは55万円、Eは110万円）を認めたが、不法行為と自殺との相当因果関係は認められないとして、自殺についての損害賠償責任までは認めなかった。
> ・使用者については、パワハラを制止・改善せず放置したことや配置転換後の業務内容や業務見直しを検討しなかったことの会社固有の責任（不法行為責任・債務不履行責任）を認め、自殺との相当因果関係も肯定し、自殺についての損害賠償責任（約5460万円）まで認めた。
> ・行為者が10年以上の経験者であるのに対して、受け手が高卒後、入社3年程度であったことが、パワハラの判断に影響したと思われる。

ハラスメントの態様等

行為者　D（入社15年以上の女性従業員。経理事務と営業事務のすべてを把握）とE（入社10年以上の女性従業員。経理事務の女性従業員の指導担当）

受け手　V（高卒で正社員入社した女性従業員。経理事務担当3年後、営業事務に配置転換。配置転換後約2か月で自殺した）

背景

・Vは、経理事務担当時は数字や日付の入力ミスといった業務上のミスが

多く、営業事務に配置転換後はシステムへの入力ミスが多かった。

Dの言動

・Vの配置転換後に指導担当者となったDは、Vのミスがあるたびに、事実確認や注意のためにVを計算室に呼び出して、その際に、（Eの在席時にはEとともに）「何度言ったらわかるの」などと強い口調で注意・叱責した。同じ注意・叱責を何回も繰り返し、相応に長い時間にわたることもあった。

Eの言動

・Vの入社約2年半ころから、経理事務でのミスがあると「てめえ」「あんた、同じミスばかりして」などと厳しい口調で頻回にわたって叱責した。
・Vの親が会社に相談をした後は、「親に出てきてもらうくらいなら、社会人としての自覚を持って自分自身もミスのないようにしっかりしてほしい」と述べた。
・Vが営業事務に配置転換された後は、計算室でDとともに叱責したほか、自身でも別途Vを呼び出して叱責した。

Vの状況

・Vは食欲不振、易疲労感、活動性の減少、興味の喪失がみられるようになり、更に、髪もとかさず、春に冬物のブーツを履いて出かけるなど身なりに構わなくなった（興味と喜びの喪失）。他の従業員と話す際に目が泳いでいるようなときもあった（注意力・集中力の減退）。
・Vは、営業事務に配置転換後約2か月で自殺した。

提訴の事情

遺族による提訴

　Ｖの父母が、Ｄ・Ｅのいじめ・パワハラや、会社がこれを放置したこと、Ｖに配置転換により過重な業務を担当させたことにより、Ｖが強い心理的負荷を受けてうつ状態に陥り、自殺に至ったとして、損害賠償として、Ｄ・Ｅ・会社に対し、連帯して合計約6400万円の損害賠償を請求して提訴した。

判決の概要

　原審（名古屋地裁）は、ＤとＥの一連の言動が不法行為に該当するとしつつ、うつ病を発症させる程度に過重な心理的負荷であったと評価することはできない等として、叱責行為や会社が適切な対応をとらなかったことと自殺との間の相当因果関係は否定し、精神的苦痛に対する慰謝料150万円のみを認めた。

　これに対し、名古屋高裁は、Ｖがうつ病を発症して自殺したとして、Ｄは合計55万円（慰謝料等）、Ｅは合計110万円（慰謝料等）の支払を命じた。会社に対しては、Ｄ・Ｅの損害賠償責任について連帯責任を負うほか、会社固有の損害賠償責任として合計約5460万円（逸失利益約3550万円＋死亡慰謝料2000万円＋葬祭料150万円＋親固有の慰謝料200万円から損益相殺分を控除した額）の支払を命じた。

理由

・ＤやＥの叱責行為や会社が配置転換後のＶの業務内容や業務見直しを検討しなかったことによりＶが受けた心理的負荷の程度は全体として強いものであったといえるから、Ｖがうつ病を発症していたと認められ

る。

・DやEの叱責行為は不法行為に該当するが、DやEには自殺の予見可能
　性がなかったといえるから、両名の叱責と自殺との相当因果関係は否定
　する（Vの受けた精神的苦痛に対する慰謝料の責任のみ負う）。

・会社は<u>DやEの叱責行為を制止・改善せず放置したことや配置転換後
　のVの業務内容や業務見直しを検討しなかったという不法行為・債務
　不履行責任があり</u>、会社には自殺の予見可能性もあったといえるから、
　会社の不法行為・債務不履行責任と自殺との間の相当因果関係は認めら
　れる（Vの受けた精神的苦痛だけなく、自殺による死亡の慰謝料の責任
　も負う）。

・原告らは労災補償保険遺族一時金約700万円、葬祭料一時金約52万円
　などの支給を受けており、この額を損益相殺により控除した額が約
　5460万円となる。

5. 東京高判 平 29.10.26（さいたま市（環境局職員）事件）

👉 判例のポイント

・暴君型の指導担当者によるパワハラ（身体的な攻撃・精神的な攻撃）が一因となって、受け手が自殺した事案
・不法行為と自殺との相当因果関係を認め、自殺についての損害賠償を肯定したが、受け手にうつ病の既往症があったことなどから、損害賠償額は損害額の3割とされた。
・市職員の事案のため、国家賠償請求等訴訟となっている。

ハラスメントの態様等

行為者	D（Vの指導担当者）
受け手	V（Sセンターの管理系業務主任の事務職）
勤務先	市役所

背景等

・Vは、自らの希望でSセンターに異動したが、異動前に、「うつ病、適応障害を発症し、重症うつ状態レベル」と診断され、89日間の病気休暇を取得していた。
・Dは、職場関係者により、自己主張が強く協調性に乏しい、言葉使いが乱暴でミスをした際には強く叱る、管理係に長く勤務している立場を利用して仕事を独占している、上司にも暴言を吐く、専任である計量業務の内容に関し他者に引き継いだり教えたりするのを拒否する、同僚の中にはDから嫌がらせを受けた者もいる、SセンターのE管理係長もD

に遠慮しているところがあったなどという認識および評価がなされており、職場関係者の中には、Dの行動および発言に苦労させられ、心療内科に通ったことがある者もいた。

・Sセンター所長のFは、Vが「うつ病、適応障害」の病名で89日間の病気休暇を取得していることについて引継ぎを受けておらず、E係長もVの病気休暇取得の事実を知らなかった。

Dの言動

・Sセンターに異動したVはDとペアを組み、Dと2人で公用車に乗って、銀行への入金・両替業務を開始したが、Dは、Vに対し、指導係として職務について教示をする際、威圧感を感ずるほどの大きな声を出し、厳しい言葉で注意をすることがあり、また、Vの脇腹に暴行を加え、およそ3か月にわたり暴言等を継続的に行った。

事業主の対応・提訴の事情等

使用者の対応等

・Vは上司のE係長にパワハラを訴えたが、E係長は事実確認をせず、かえって、職場における問題解決を拒否するかのような態度を示した。

・E係長から報告を受けたF所長も事実の確認について指示をせず、DとVがペアを組んでから3か月以上経過したころにようやく、Dが1人で入金・両替業務をする体制に変更した。

・F所長は、DとVがペアを組んでから約8か月後に、Vから体調不良や自殺念慮を訴えられたが、自らあるいは部下に命じるなどして主治医等から意見を求めたり産業医等に相談するなどの対処をせずに、自己の判断で勤務の継続をさせた。

・このためVのうつ病が憎悪してVが自殺した。

|Ｖの遺族の訴え|

・Ｖの両親が市に対して損賠賠償請求訴訟を提起した。

|判決の概要|

　東京高裁は、市に対し、安全配慮義務違反による国家賠償法1条1項の損害賠償責任として、合計約1920万円等（ＶおよびＶの両親らの精神的苦痛に対する慰謝料およびＶの逸失利益等）の支払いを命じた。

|理由|

・使用者である市は、安全配慮義務のひとつである職場環境調整義務として、良好な職場環境を保持するため、職場におけるパワハラを防止する義務を負い、パワハラの訴えがあったときには、その事実関係を調査し、調査の結果に基づき、加害者に対する指導、配置換え等を含む人事管理上の適切な措置を講じるべき義務を負う。

・Ｅ係長やＦ所長はＶからのパワハラの訴えに適切に対処していないから、市には職場環境調整義務違反がある。

・Ｆ所長は、Ｖからの体調不良や自殺念慮の訴えに対し適切に対処せずＶのうつ病の症状を憎悪させたのであるから、市にはこの点でも安全配慮義務違反がある。

・ただし、以下の2点をあげて、Ｖ側の訴因・過失の割合を合計7割として、過失相殺により損害賠償額を3割に減額した。

・Ｖがうつ病を憎悪させ自殺するに至ったことについては、Ｖのうつ病の既往症による脆弱性が重大な素因となっていた

・Ｖの両親は、Ｖがうつ病で通院、服用し、Ｄからパワハラを受け、Ｅ係長・Ｆ所長が適切な対応をしなかったこと、ＶがＤとペアを組んでから約4か月経過ころからＶの不安定な状況や病状悪化等について認

　識していたから、主治医等と連携をとるなどして、Ｖのうつ病の症状が
悪化しないように配慮する義務があった。

6. 東京地判 平 29.1.26（SGS ジャパン事件）

👌 判例のポイント

・受け手によるパワハラの主張が否定された事例（請求棄却）
・自己評価に固執し自己中心的な主張をする従業員対応の難しさがうかがえる事例

ハラスメントの態様等

行為者　C（食品事業部テクニカルマネージャー）、D（食品事業部長）、
　　　　E（人事部長）
受け手　V（食品関連規格の審査員職）
勤務先　第三者認証機関として認証サービスを業務とする会社

行為等

・Vが入社約2年で不眠症状を訴え、うつ病を発症し、休職申請して休職した。
・Vの休職にあたり、Cマネ・D部長・E部長がVと面談し、書面（Vの問題点・改善点として、報告・連絡・相談について説明しても観点の差があり、Vの意図が他の社員に伝わらないことが多々見られ、Vは会社・上司からの要求をパワハラ・いじめと解釈しているが、他の社員に確認してもVを擁護する社員がいない等）をVに交付した。
・D部長・E部長は、Vに対し、十分に休養を取るよう指示しつつ、Vと面談を重ねた結果、復帰にあたっての条件については、復帰後すぐに元の審査員職にすることは考えておらず、1〜3か月は内勤職として勤

務し、問題がなければ審査員職に復帰することを考えている旨を伝えた。

・Vは、審査員としての能力を顧客からも評価されていると考えており、D部長・E部長の復帰の方針に関する連絡を受けると、体調悪化を理由に復帰時期を確定できないとして休職を続け、過去のメールの送信を受けていない等の理由で復帰にあたっての面談を拒絶するなどした（E部長は過去のメールのプリントアウトは郵送している）。

・会社は、休職1年後に、労務提供ができる程度に回復しているとは認められないとして、休職期間満了通知書を送付し、自然退職を通知した。

事業主の対応・提訴の事情等

Vによる提訴

・Vは、休職期間満了による退職が無効であるとして地位確認・未払賃金請求（約680万円）、時間外割増賃金請求（約900万円）とともに、Dによるパワハラによる損害賠償（慰謝料300万円＋弁護士報酬30万円）を請求して訴訟提起した。

Vの主張

①Vは入社すぐにCマネからパワハラを受けるようになった（法の解釈適用の見解を異にし論争した、Vは審査対象会社を審査不適合と判断していたにもかからずCマネがその判断を採用しなかった、無意味な業務を創出してVに担当させた、Vの担当でないトレーニングを命じた等）。

②入社1年半ころには持帰り残業等の過大な業務の遂行を強いられた。

③D部長・E部長がVの復職を妨害した。

会社の反訴

・会社も、休職中の社会保険料の V 負担分の立替払分の支払請求（約 65 万円）の反訴を提起した。

判決の概要

東京地裁は、次の通り判決した。

・休職期間満了による退職は有効であり、V による地位確認・未払賃金請求は棄却

・未払いの割増賃金約 18 万円の請求を認容

・会社の立替払分の支払請求を認容

理由

①V の主張は、認めるに足りないか、V の主張通りであったとしてもパワハラや嫌がらせと評価できないものである。

②持帰り残業を必要とするほどの業務量があったとはいえず、会社による持帰り残業の指示も認め難い（持帰り残業することがあったとしても、時間外手当請求の前提となる労働時間として認められるものではない）。

③D 部長・E 部長の対応は誠実であり、復職にあたっての条件についての判断は客観的にみて合理的なのに対し、V は自己評価に固執し、自己中心的な主張をしており、D 部長・E 部長が V の意図に沿った行動をしなかったからといって復職妨害行為になるわけではない。

7. 広島高裁松江支判 平 27.3.18 （公立八鹿病院組合ほか事件）

👆 判例のポイント

- いわゆる「ブラック」な職場における、上司の新人医師に対するパワハラ（身体的な攻撃・精神的な攻撃・過大な要求）により、受け手がうつ病を発症して自殺した事案
- 使用者の安全配慮義務違反と自殺の相当因果関係を肯定して、自殺についての損害賠償まで認めた。
- 公立病院における事案のため、国家賠償請求等訴訟となっている。

ハラスメントの態様等

行為者	D1 （整形外科医長）・D2 （整形外科部長）
受け手	V医師 （2年間の研修医を終えて半年、大学病院から派遣された専門医1年目の新人医師。うつ病を発症して自殺）
勤務先	公立病院

背景

D1 医長の言動

- 握り拳で1回ノックするようにV医師の頭を叩いた。
- その仕事ぶりでは給料分に相当していないこと、これを「両親に連絡しようか。」などと言った。

D2 部長の言動

- D1医長がV医師の頭を叩いたことに関して、院長からD1を指導する

ように言われたにも関わらず、行わなかった。

・手術の際に、V 医師に対し、「田舎の病院だと思ってなめとるのか。」と言った。

V の自殺

・V はうつ病を発症し、自殺した。

提訴の事情

遺族による提訴

　V 医師の父母が、D1・D2 および勤務先病院を被告として損害賠償請求訴訟を提起した。

判決の概要

　広島高裁松江支部は、使用者である公立病院組合（特別地方公共団体）に対し、合計約 1 億 111 万円（逸失利益＋ V 医師の死亡慰謝料＋弁護士費用等）の賠償を命じた（国賠事案であるため、D1 らは責任を負担しない）。

理由

・D1・D2 の言動は、威圧ないし侮辱的で、「社会通念上許容される指導または叱責の範囲を明らかに超えるものである」。

・V 医師の前任医師らが、そろって、V 医師の配属科は「専門医としての経験が 1 年ないし 2 年といった者には負担が大きかったこと、D1 や D2 に相談すると怒鳴られたり、無能として攻撃されたりするので、質問するのを萎縮するようになったこと、Y らから患者や看護師らの面前でも罵倒されたり、頭突きや器具で叩かれるなど精神的にも相当追い詰めら

25

れたこと等を供述し」、実際に半年で本病院を去った医師が3名存在する。

・D1・D2は、「経験の乏しい新人医師に対し通常期待される以上の要求をした上、これに応えることが出来ず、ミスをしたり、知識が不足して質問に答えられないなどした場合に、患者や他の医療スタッフの面前で侮辱的な文言で罵倒するなど、指導や注意とはいい難い、パワハラを行っており、また質問をしてきた新人医師を怒鳴ったり、嫌みをいうなどして不必要に萎縮させ、新人医師にとって質問のしにくい、孤立した職場環境となっていたことは容易に推認することができる」

・V医師は、前任者らと同様、度々、D1・D2から患者や看護師らの面前で罵倒ないし侮蔑的な言動を含んで注意を受けていたことは容易に推測され、このような状況の下でV医師は一層萎縮し、D1・D2らに質問もできず1人で仕事を抱え込み、一層負荷が増大するといった悪循環に陥っていったものと認められる」

・D1・D2は、V医師の勤務負担の軽減やより基本的な内容についても指導を行うなどの配慮を示していたものの、威圧ないし侮辱的な言動を継続しており、V医師を精神的・肉体的に追い詰める状況が改善・解消したものとは認められない。

・以上を総合すると、V医師は、うつ病等の原因となる程度の長時間労働を強いられていたうえ、質的にも、専門医として1年目というV医師の経歴に対して相当過重なものであったばかりか、D1・D2によるパワハラを継続的に受けていことが加わり、これらが重層的かつ相乗的に作用して、一層過酷な状況に陥ったものと評価される。

・D1・D2の言動とV医師のうつ病発症との間には相当因果関係が認められ、V医師の自殺はうつ病の精神障害の症状として発現したと認めるのが相当だから、D1・D2の言動とV医師の自殺との間の相当因果関

係も認めることができる。

・勤務先病院は、V医師の就労環境が過酷であり、V医師が心身の健康を損なうおそれがあることを具体的かつ客観的に認識しえたにもかかわらず、何らの対策を講じることなく、新人医師に我慢してもらい、半年持ってくれればよく、持たなければ本人が派遣元の大学病院に転属を自ら申し出るだろうとの認識で放置していたことすらうかがえるから、勤務先病院には、V医師の心身の健康に対する安全配慮義務違反が認められる。

・国賠事案であるため、D1らの個人としての不法行為責任は否定され、病院の賠償責任のみが認められる（国賠法の解釈により、公務員個人は責任を負わないとされている）。

8. 東京高判 平 27.1.28 （サントリーホールディングスほか事件）

👆 判例のポイント

- 指導する上司が、我慢の「決壊点」を超えてパワハラ（精神的な攻撃）に及び、受け手がうつ病を発症し休職した事例で、行為者と会社の連帯責任（慰謝料等約 165 万円）を認めた判例。
- 上司の言動は悪質性が高いとはいえず、受け手がうつ病を発症したことには受け手の素因が寄与しているとしつつ、1 年以上の休業を余儀なくされ、復職後も通院を継続し、障害等級 2 級の認定を受けたなどの事情を指摘して、慰謝料額が 150 万円とされている。
- 上司の無配慮な言動のほか、受け手の側の問題行動、業務多忙などの影響もみられる。
- 事実調査、相談者に対するアフターフォローに関する認定が、相談対応の参考になる。

ハラスメントの態様等

行為者	D（企画グループの長。Vの上司）・E（内部通報制度の運用を担当するコンプライアンス室の室長）
受け手	V（平成 18 年 4 月から平成 19 年 6 月まで資料調達部企画グループに所属し、購買予算と実績の管理等を内容とする業務に従事）
勤務先	清涼飲料等の製造販売等を営む会社

背景等

- Vは、平成 18 年 4 月 1 日から平成 19 年 6 月 1 日までの間、Dが長を務めた企画グループに配属され、同部署で勤務した（企画グループの所属

員は D 長および V を含めて 4 名。平成 19 年 1 月からは 5 名）。

- 平成 18 年 7 月ころ、企画グループとの共同プロジェクトに参加している他の部署から、D 長に対し、V について、担当している資料作成の納期を守らない、D 長から V に指示された作業を他のメンバーに丸投げするなど、勤務態度に問題があるので改善指導をしてほしいとの要望がされた。

- 平成 18 年 11 月、D 長が上記共同プロジェクトで実施した企画が失敗したことの原因分析を指示した。D 長は、V による分析結果を不十分なものと判断し、更に検討するように指示したが、同年 12 月時点において、V が更なる分析を行っていないと思われたため、V に対し、早急に同分析に取り組むよう指示した。

- 平成 18 年 12 月、会社が業務効率化のための新システム開発を決定し、その開発を企画グループが担当することとなった。そして V が、新システム開発業務を主任として担当することとなった。その際、D 長が、V に対し、平成 18 年中に、仕事の進め方を整理し、納期を意識した上でスケジュール（タスクリスト）を作成し、D 長に提出するように指示した。

- 同年 12 月 13 日ころ、V が D 長に対し、従前から伝えていたとおり 12 月 25 日から翌年 1 月 4 日まで休暇を取りたいと述べた。D 長は、休みを取ることを了承したが、他方、V が、翌年 1 月 15 日に行われる会議に上記分析資料が必要であるにも関わらず作成を終えていなかったことから、D 長が平成 18 年 12 月 17 日から出張する関係で、同月 15 日までに分析資料を提出するよう指示した。しかし、V は同日までに分析資料を提出しないまま、同月 25 日からの休みに入った。

- また、平成 18 年中に、V から D 長に対して上記タスクリストが提出されることもなかった。

・Vは上記分析資料をD長に提出することはなく、1月15日の会議において、調達開発部長のT取締役から、分析が不十分であるとの指摘がされた。そこでD長は、Vに対し、更に分析を進めることを指示した。

・しかし、Vは、平成18年1月下旬以降、新システム開発作業に着手して多忙となり（同年2月1日から4月6日までの間でVの終業時刻が午後10時以降となった日数は16日、2月13日から3月14日までの時間外労働日数は労基署の集計によると合計82時間28分）、上記分析については実施されないままで終わった。

D長の言動

・平成18年2月、新システム開発作業関連のミーティング（企画グループ員は全員参加）において、Vが新システムの開発は無理だと言い出したため、D長は、同ミーティングの中で、Vに対し、新システム開発に対するVの態度には問題があることを強く指摘するとともに、その態度を改めるよう指導した。

・D長のVに対する指導の頻度は、平成19年1月までの間は月に1、2回程度であった。しかし、同年2月以降は、同年4月5日に控えた新システムの稼働開始に間に合わせる必要があったところ、Vのミスなどにより確認作業に時間を要することなどがあったため、D長のVに対する注意指導の回数が増えたり、その注意指導の程度が多少厳しいものになったりすることもあった。このようなことがあって、Vは、次第にD長から注意を受けること自体が苦痛となり、D長に対して適切な対応さえできなくなり、仕事をやる自信をなくし、V自身が惨めな感じを抱くようになり、精神的に追い詰められていった（平成19年3月ころには、D長がVに注意をすると押し黙ってしまうなど、Vの様子がおかしくなり、D長はこれに気づいた）。

①上記注意・指導の際に、D長は、「新入社員以下だ。もう任せられない」、「何で分からない。おまえは馬鹿」などと発言した。

・Vは、平成19年4月、心療内科の診察を受けたところ、うつ病に罹患しており3か月の自宅療養を要するとの診断を受けた。

②同年4月12日、Vは、D長に診断書を提出し、休職を願い出た。これに対し、D長は、3箇月の休養については有給休暇で消化してほしいこと、Vは隣の部署に異動する予定であるが、3箇月の休みを取るならば異動の話は白紙に戻さざるを得ず、D長の下で仕事を続けることになること、4月16日までに異動ができるかどうかの返答をするように告げた。

・4月16日、Vは、D長に対し、電話で他部署に異動することを希望する旨を伝えた。

・5月7日、Vが職場に復帰し、D長の部下としての勤務を再開した。同日、Vは、D長に対し、主治医からは残業を控えるように言われているので配慮してほしい旨を伝えた。これを受けてD長は、6月1日の異動に向けた引継ぎの準備や集計作業などの比較的簡単な作業のみをVに行わせることにした。

③同年5月、同年4月上旬ころにD長が依頼しVも了解していた会社開催予定のパーティの手伝いについて、パーティの1週間ほど前に、VがD長に対し、主治医のアドバイスにより他の人に変わってもらいたいと伝え、D長はVを手伝いから外し、Vに代えて他の者を補充した（VはD長からかなり不満顔でいろいろ言われたと主張した）。

・Vは、平成19年6月1日付けで包材部に配属となり、同部での勤務を開始したものの、同年7月頃以降、有給休暇を取得するなどした上で、その後、平成20年8月まで休職した。

・Vは、平成21年9月に、障害等級2級（日常生活が著しい制限を受け

るか、または日常生活に著しい制限を加えることを必要とする程度のもの）と認定され、精神障害者保健福祉手帳の交付を受けた。

事業主の対応・提訴の事情等

V による通報と会社の対応

・平成23年6月ころ、Vが、内部通報制度を利用してD長からパワハラを受けたとの内部通報を行い、D長に対する責任追及と再発防止策の検討を求めた。

・E室長は、上記内部通報を受けて事実調査を開始し、Vとの間で、同年6月から9月までの間に、3回の面談を含む合計6回の面談とメールのやり取りを行った。

・E室長は、平成23年7月13日から8月1日まで、VとD長の周囲で勤務していた5人の関係者に対して、D長とVの当時のやり取り等を面談またはメールにて事情聴取した。D長の指導に関しては非常に厳しすぎるものであるという関係者の証言が出た。

・E室長は、平成23年8月11日と26日にD長と面談し、D長に対し、VがD2からパワハラを受けたと主張していること、VがD長に診断書を提出したにもかかわらず、D長から異動か休職かの二者択一を迫られたと主張していることなどを伝え、Vに対する当時の注意指導の在り方等を省みさせた。D長は、この面談において、Vに対して厳しく注意指導したのは確かであり、大きな声を出すなど注意指導の方法に行き過ぎの部分があったことを最終的に認めて反省するとともに、Vが診断書を提出して休みを求めた時点で人事部に相談を持ち掛けるなどの対応をしておく方がよかったと反省した。

・上記調査後、E室長は、同年8月から9月にかけてのVとの複数回の面談で、D長および第三者からの事情聴取の結果として、D長がVに

対する指導が厳しかったり度を超えていたりしたことがあったことを認めたこと、D長から反省の弁が出たことなどを伝え、現時点での事情聴取から得られた判断材料では、D長に明確な悪意があって、D長がVに対してVをつぶしてやろう、いじめてやろうなどという意図で行った行為は見つかっていないこと、そうである以上、現時点ではVが望むD長に対する会社としての処罰ということにはならないこと、D長の行為が会社の内部基準に照らせばパワーハラスメントにあたらないこと等を口頭で伝えた。

Vによる提訴

　Vが、D長・E室長および会社を被告として、D長のパワハラにより休職を余儀なくされ、E室長が適切な対応をとらなかったと主張して、損害賠償請求訴訟を提起した。

判決の概要

　東京高裁は、次のとおり判決した。
・①②についてD長の不法行為責任を肯定して、165万円（慰謝料150万円＋弁護士費用15万円）の支払いを命じ、会社の使用者責任も肯定した（連帯責任）。
・E室長については、不法行為責任を否定した。

理由
D長が不法行為責任を負うかについて

①は、Vが納期を守らないことに関しVを注意・指導する中で行われたものであるが、「新入社員以下だ。もう任せられない。」という発言はVに対して屈辱を与え心理的負担を過度に加える行為であり、「何で分か

らない。おまえは馬鹿」という言動はVの名誉感情をいたずらに害する行為であり、D長の言動は、Vに対する注意または指導のための言動として許容される限度を超え、相当性を欠くと評価せざるを得ないから、不法行為を構成する。

②は、部下であるVがうつ病に罹患したことを認識したにもかかわらず、Vの休職の申出を阻害する結果を生じさせるものであり、上司の立場にある者として、部下であるVの心身に対する配慮を欠く言動として、不法行為を構成する。

③は、D長がVに対して具体的にどのような言動を行ったかを認めるに足りる証拠はなく、D長がかなり不満顔であったとすることについては、Vの主観によって判断されるものであることなどから、平成19年5月以降も、D長がVに対して不法行為を行ったとするVの主張は認められない。

E室長の言動が不法行為を構成するかについて

・Vの主張は、E室長が調査と調査結果に基づく対応を怠り、調査結果や判断過程等の文書による開示を拒否し、D長の言動がパワハラに該当しないことが所与のものであるかのような態度をとり続けて、本件のもみ消しを図ったというものである。

・E室長はV・D長の双方に事情を聞くとともに、複数の関係者に対して当時の状況を確認するなどして適切な調査を行ったといえる。

・会社においては通報・相談内容および調査過程で得られた個人情報やプライバシー情報を正当な事由なく開示してはならないとされていることから、調査結果や判断過程等の開示を文書でしなかったことには合理性があり、しかも、E室長は、Vに対し、調査内容等を示しながら、口頭でD長の行為がパワーハラスメントに当たらないとの判断を示すなど

しているから、E室長の言動に違法があったということはできない。

・E室長が本件のもみ消しを図ったとは認められない。

慰謝料に関して

・東京高裁は、Vがうつ病を発症して1年以上の休業を余儀なくされ、復職後も通院を継続し、障害等級2級の認定を受けるなど、精神的不調が続いていると結果の重大性を指摘したうえで、他方で、D1の言動は「部下に対する業務に関する叱責の行き過ぎや、精神的不調を訴える部下への対応が不適切であったというものにとどまり、悪質性が高いとはいえず」、Vがうつ病を発症し精神的不調が続いていることについてはVの素因（コミュニケーション能力の乏しさというVの病前の性格傾向）が寄与している面が大きいことなどをあげて、慰謝料額を150万円とした。

9.　福井地判 平 26.11.28（暁産業ほか事件）

👉 判例のポイント

・指導する上司が、我慢の「決壊点」を超えてパワハラ（精神的な攻撃）に
　及び、受け手が自殺した事案で、上司と会社に対して、受け手の精神的苦
　痛だけでなく、自殺による損害の賠償（約 7260 万円）まで命じた判例。
・受け手が高卒新人であったことが、パワハラの判断と自殺に関する損害賠
　償の判断に影響した。
・受け手が行為者から言われたことなどを記載していた手帳がパワハラの重
　要な証拠となった。

ハラスメントの態様等

行為者　D（リーダー。V の直属上司）・E（メンテナンス部部長。V の
　　　　　上司）

受け手　V（高校在学中アルバイトから高校卒業後の平成 22 年 4 月に正
　　　　　社員となり、メンテナンス部に配属されて外注先の消防設備等
　　　　　の保守点検業務に従事した。正社員入社後約 8 か月で自殺。）

勤務先　消火器販売・消防設備の設計施工保守点検等を業とする会社

背景等

・V には、特異な性格傾向や既往症など、特に問題はなかった。
・V は、外注先の機器の外回り点検業務を担当し、直属の上司にあたる D
　が同行して指導していた。
・D は、V の仕事の覚えが悪いことから、自分が注意したことは必ず手帳

に書いておいてノートに書き写すようにVを指導していた。

・平成22年7月、Vの仕事上の失敗が多く、Dが運転する車中で居眠り
　をするなどが重なったため、いらだちを覚えるようになったDが、V
　に対し、「一人で勝手に行動しない。分かりもしないのに返事をしない。」
　と言うようになった。

・平成22年7月半ばころ、Vは、仕事時間中に母に電話し、「仕事をやめ
　てもいいか」と尋ね、30分ほど、泣きながら話をし、自分ではちゃん
　とやっているつもりなのに、後で見るとミスをしていて、ペアで作業し
　ている人に迷惑がかかり、叱責されたことなどを話した。

①Vの手帳に記載され、判決によりパワハラと認定されたDの言動。平成22年8月ころ以降

・「学ぶ気持ちはあるのか、いつまで新人気分？」「詐欺と同じ、3万円を
　泥棒したのと同じ」「毎日同じことを言う身にもなれ」「わがまま」「申
　し訳ない気持ちがあれば変わっているはず」

・「待っていた時間が無駄になった」「聞き違いが多すぎる」「耳が遠いん
　じゃないか」

・「嘘をつくような奴に点検をまかせられるわけがない。」「点検もしてな
　いのに自分をよく見せようとしている」

・「人の話をきかずに行動、動くのがのろい」「相手するだけ時間の無駄」

・「指示が全く聞けない、そんなことを直さないで信用できるか。」「何で
　自分が怒られているのかすら分かっていない」「反省しているふりをし
　ているだけ」、「嘘を平気でつく、そんなやつ会社に要るか」「嘘をつい
　たのに悪気もない。」

・「根本的に心を入れ替えれば」、「会社辞めたほうが皆のためになるん
　じゃないか、辞めてもどうせ再就職はできないだろ、自分を変えるつも

りがないのならば家でケーキ作れば、店でも出せば、どうせ働きたくないんだろう」「いつまでも甘甘、学生気分はさっさと捨てろ」「死んでしまえばいい」、「辞めればいい」

・「今日使った無駄な時間を返してくれ」

② Vの遺族が主張したDの言動

・Dは、Vに対し、暴力を振るっていた。

遺族が主張したE部長の行為

・Dによるパワーハラスメントの放置、Vの恒常的な長時間労働の放置等。

Vの自殺

・平成22年9月には、Vは、Dの言動を真摯に受け止めて、「自分がアホらしい」「辞めればいい、死んでしまえばいい」「少しはDさんの負担も考えてみろよ」などと手帳に書き、葛藤していた。

・秋ころには、Vは、自宅において笑顔がなくなり、いつも疲れたような難しい顔をするようになった。また、帰宅をしてすぐにソファに横になり、食事もとらず、風呂にも入らないでいることが多くなった。

・平成22年10月、VはE部長に対し、退職の申し出をした。

・平成22年11月29日、Vは、ロープを購入し、遺書を残して自宅で縊死（いし）した。

・Vの遺書には、社長やE部長への感謝と謝罪の言葉のほか、Dについては「多分社員の中で一番迷惑をかけてしまいました。直せと言われ続けていたのに、何も変われなくてごめんなさい、とりあえず私はあなたが嫌いです。大嫌いです。でも、言われ続けていたことに嘘はなかったです。」等と書かれていた。

提訴の事情

遺族による提訴

　Vの父が、VはDとE部長のパワハラや会社による加重な心理的負担を強いる業務体制等により自殺したと主張して、D・Eと会社に対し、連帯して約1億1千万円の損害賠償を請求して提訴した。

判決の概要

　福井地裁は、Dのパワハラを認定し（①の発言は認定するが②の暴力は認定せず）、Dと会社に対して、約7260万円（逸失利益約4360万円＋死亡慰謝料約2300万円＋弁護士費用等）の支払いを命じた（連帯責任）。
　なお、E部長の不法行為責任は否定した。

理由

・（Dについて）Dの言動は、「仕事上のミスに対する叱責の域を超えて」Vの「人格を否定し、威迫するものである。これらの言葉が経験豊かな上司から入社後1年にも満たない社員に対してなされたことを考えると典型的なパワーハラスメントといわざるを得ず、不法行為に当たる」。ただし、DがVに対して暴力を振るったことに沿う証拠はない（暴力は認定できない）。

・（E部長について）Vのメンテナンス業務が外注先での作業が大半を占めることからすると、DのVへの指導の実態についてE部長が把握するのは困難であり、VがE部長に対しDからパワハラを受けていることを訴えた事実も認められないことからすると、パワハラ放置の主張は認められない。また、E部長の役割は作業現場の人員配置と作業日程の決定にとどまっていたこと等に照らすと、長時間労働の放置の主張も認

められない。

・（Dの不法行為とVの自殺との相当因果関係について）Vは、高卒の新入社員であり、作業をするに当たっての緊張感や上司からの指導を受けた際の圧迫感はとりわけ大きいものがあるから、Dの言動（①）から受ける心理的負荷は極めて強度であったといえ、Dの言動（①）はVに精神障害を発症させるに足りるものであったと認められる。そして、Vには、業務以外の心理的負荷を伴う出来事は確認されていないし、既往症等においても問題はなく、性格的な偏りもなく、むしろ、手帳の記載を見れば、きまじめな好青年であるといえる。したがって、Vは、自殺当時、Dの言動を起因とする中等症うつ病エピソードを発症していたと推定され、正常な認識、行為選択能力及び抑制力が著しく阻害された状態になり、自殺に至ったといえ、Vの自殺とDの不法行為との間の相当因果関係が認められる（Vの自殺に関するDの損害賠償責任を認める）。

・会社は使用者責任（民法715条）によりDと連帯して責任を負う。

・なお、判決は、Vの手帳の記載について、「記述内容が客観的事実と符合していることが認められる」等として、手帳に記載されたDの言動を認定した。他方で、遺族が主張したDの暴行については、「DがVに対して暴行を振るったことに沿う証拠はない。」として認定しなった。

10. 東京地判 平 26.8.13（日本アスペクトコア事件）

┌───┐
判例のポイント

・受け手の主張する行為者の言動を認定せず、パワハラの存在を否定した裁判例（請求棄却）
・上司の部下に対するパワハラの言動が不法行為を構成するのは、上司が「職務上の地位・権限を逸脱・濫用し、社会通念に照らし客観的な見地からみて、通常人が許容し得る範囲を著しく超えるような有形・無形の圧力を加える行為をしたと評価される場合」に限られるとした。
└───┘

ハラスメントの態様等

行為者　D1・D2（派遣元Y社の担当者）
受け手　V（派遣労働者。デザイン業務担当）
勤務先　プリンティングセンター（派遣先）

背景

　インターネット上の大手求人募集サイトにおいて、業務内容を単純労務であると思い応募して採用されたVの有していたスキルや経験と、D1・D2らが必要としていたそれとに、一定の乖離が存在していた。Vは、社員から求められているスキルの高さを伝えられ、Vが「今は難しい」と言ったところ、DがVに対し「前向きではない。頑張りますなどと言いなさい」などと叱責し、その翌日には「もうデザイン業務はやらなくていい」と言った。

Vによる提訴

　Vは、D1・D2より「もうデザイン業務はやらなくていい」「Vさんってオツムの弱い人かと思ったよ」等のパワハラ言動をしたと主張して、D1・D2およびY社（使用者責任）を被告として損害賠償請求訴訟を提起した。

判決の概要

　東京地裁は、不法行為責任が生じるようなD1やD2によるパワハラの存在を認めることはできないとして、請求を棄却した。

理由

・パワハラの言動が被害者の人格権を侵害し不法行為を構成するのは、「パワハラを行ったとされた者の人間関係、当該行為の動機・目的、時間・場所、態様等を総合考慮の上、企業組織もしくは職務上の指揮命令関係にある上司等が、職務を遂行する過程において、部下に対して、職務上の地位・権限を逸脱・濫用し、社会通念に照らし客観的な見地からみて、通常人が許容し得る範囲を著しく超えるような有形・無形の圧力を加える行為をしたと評価される場合」に限られるところ、そもそも、Vの主張するところをもって、不法行為がしうるものといえるのか疑問である。
・Vの主張については、Vがパワハラを受けたと主張する時期や前後の経緯などは明確でなく、D1・D2もVが主張する言動をとったことはないと否定しており、Vの供述以外にVの主張を裏付ける客観的な証拠もない。

11. 仙台高判 平 26.6.27 （岡山県貨物運送事件）

判例のポイント

・いわゆる「ブラック」な職場における、暴君型の上司による恒常的な長時間にわたる時間外労働や過重な業務、ミスに対する叱責を受けた新卒社員が自殺した事例（精神的な攻撃・過大な要求）で、行為者と会社に対し、自殺に関する損害賠償責任（約6941万円）まで認めた。
・受け手が新入社員だったことが、パワハラの認定に影響している。
・使用者に代わって労働者に対して業務上の指揮監督を行う権限を有する者（営業所長）について、労働者が業務の遂行に伴う疲労や心理的負荷等が過度に蓄積して心身の健康を損なうことがないよう、労働者の時間外労働時間を会社に報告して増員を要請したり、業務内容や業務分配の見直しを行うこと等により、労働者の業務の量等を適切に調整するための措置を執る義務を負っているとした。更に、受け手が新卒社会人である場合には、そのことに配慮する義務も負っているとした。

ハラスメントの態様等

行為者 D（営業所長）

受け手 V（家電リサイクル業務等担当の大卒後新入社員。入社後6か月で自殺）

勤務先 運送会社

過大な要求

・Vの入社約1か月後から恒常的な長時間にわたる時間外労働を余儀なくされ、入社後約3か月（自殺の3か月前）には、時間外労働は月129

時間 50 分にも及んでいた。

・業務の内容も、空調の効かない屋外において、家電製品を運搬すること等の、経験年数の長い従業員であっても相当の疲労感を覚える肉体労働を主とするものであった。

・V 以外の先輩従業員も、D 所長から、頻繁に強い叱責を受けて耐えていた。

D 所長の言動

① D 所長は、V がミスをした場合、他の従業員らが周りにいる場合であっても、「何でできないんだ」、「何度も同じことを言わせるな」、「そんなこともわからないのか」、「俺の言っていることがわからないのか」、「なぜ手順通りにやらないんだ」等と怒鳴る等して、V に強い口調で頻回に叱責し、V のミスが重大であった場合には、「馬鹿」、「馬鹿野郎」、「帰れ」などという言葉を発した。叱責の時間は概ね 5 分ないし 10 分程度で、頻度は少なくとも 1 週間に 2、3 回程度で、V のミスが重なれば 1 日に 2、3 回に及ぶこともあった。V は、叱責に口応えをすることはなく、D 所長と目線を合わせることもなく、下を向いて一方的に聞いており、叱責後、しょげ返っていた。入社 6 か月後ころ（自殺直前）には「今度何かやったら首だ。」等と告げて 15 分以上にわたり叱責した。この叱責後は、2、3 日は落ち込んだ様子を見せ、解雇や転職に対する不安を周囲に漏らすようになり、酒を飲んでから出勤するというそれ以前には見られない異常な行動を取るようになった。

② D 所長は、V に対し、同人の業務に対する理解度を把握するとともに同人の業務の改善につなげようとの意図の下に、V の入社直後から業務日誌を書くように指示したものの、書き方等は指導せず、「？」、「日誌はメモ用紙ではない！業務報告。書いている内容がまったくわからな

い！」、「内容の意味わからないわかるように具体的に書くこと」などと赤字でコメント記載するなどし、新入社員であるVを励まし進歩や成長を褒め努力したことを評価するようなものを1つも記載せず、入社約4か月後ころからは、業務日誌を以前ほど頻繁に確認せず、その作成を中止させるなどの指示も出さないまま、Vをしてその作成を継続させた。

③（Vの遺族が主張したD所長やE所長代理による一連の言動）

・D所長は、Vを叱責する際にVに暴力を振るっていた。

・E所長代理が、顧客の荷物に傷をつけたVに対し、必要性のない事故報告書を作成するよう強要した。

・D所長は、Vが足を負傷した際にも業務に就くよう強要した。

・D所長は、出勤簿に不正な記載（実際の労働時間と異なり、出勤簿に記載されている勤務計画どおりの始業・終業時刻を記入する）をするようVに強要していた。

・D所長が、飲酒して出勤したVに対し、「そういった行為は解雇に当たる」などと言って強く叱責し、退職勧奨をした。

Vの自殺

・Vは入社後約6か月で自殺した。

提訴の事情

V の遺族による提訴

　Vの両親が、D所長と会社に対し損害賠償請求をして、提訴した。

判決の概要

　仙台地裁は、D所長の不法行為責任を否定していたが、仙台高裁は、①

②についてD所長の不法行為責任を肯定し、会社の使用者責任も肯定し、自殺に関する損害賠償も認めて、合計約6941万円（Vの逸失利益＋死亡慰謝料＋弁護士費用等）の支払いを命じた（連帯責任）。

理由

① （叱責）D所長による叱責の態様（言葉使い、口調、叱責の時間、場所）や頻度、Vの叱責中または叱責後の様子等に照らすと、Vに対するD所長の叱責は、社会経験、就労経験が十分でなく、大学を卒業したばかりの新入社員であり、上司からの叱責に不慣れであったVに対し、一方的に威圧感や恐怖心、屈辱感、不安感を与えるものであったというべきであり、D所長の叱責がVに与えた心理的負荷は、相当なものであったと認めるのが相当である。

② （業務日誌の作成）Vに対し、D所長による叱責と相まって、相当程度の心理的負荷を与えるものであったというべきである。

・（①②について）Vは、大学を卒業したばかりの新入社員であり、それまでアルバイト以外に就労経験がなかったのだから、上司からの叱責を受け流したり、これに柔軟に対処する術を身につけていないとしても無理からぬところであり、他の従業員らが、D所長による叱責に対処できていたことをもって、Vに対する心理的負荷が重いものでなかったということはできない。

③ （D所長の暴力）D所長がV以外の従業員に暴力をふるったことがなかったことや、目撃者やそのようなことがあったと聞いたことのある者もいないことなどから、D所長のVに対する暴力があったとは認められない。

③ （E所長代理による指示）Vは重要な顧客の荷物に傷をつけるという重大なミスをしており、反省を促すために事故報告書の作成を指示したこ

とは、パワハラ評価することはできない。

③（足の負傷）事務作業に支障がでるほどの怪我ではなく、通常と変わらずに仕事をすることができたと認められるから、仮にD所長が「事務でもいいから出勤しろ。」などと指示したとしても、業務上の指導として許容される範囲を逸脱したパワハラとまで評価することはできない。

③（出勤簿）出勤簿の不正記載がD所長の強制によると認めるに足りる証拠はないから、この点をもってD所長がVにパワハラを行っていたと評価することはできない。

③（退職勧奨）D所長の発言は、Vの行為が解雇に当たり得るほどの極めて重大な問題行為であることを指摘したものであり、Vの行動は社会人として相当に非難されるだけでなく、会社が運送会社であるということからすれば、会社の社会的信用をも大きく失墜させかねないものであったのであるから、D所長が厳しく叱責したことがVの自殺に至る過程において重要な位置を占める事実であるとしても、これをもって直ちにパワハラとまで評価することはできない。

（自殺に関する責任について）D所長は、使用者である会社の負う労働者の健康管理義務（健康配慮義務）の内容に従ってその権限を行使すべき義務を負っていたといえるから、Vを就労させるにあたり、Vが業務の遂行に伴う疲労や心理的負荷等が過度に蓄積して心身の健康を損なうことがないよう、Vの時間外労働時間を会社に報告して増員を要請したり、業務内容や業務分配の見直しを行うこと等により、Vの業務の量等を適切に調整するための措置を採る義務を負っていた。さらに、Vに対する指導に際しては、新卒社会人であるVの心理状態、疲労状態、業務量や労働時間による肉体的・心理的負荷も考慮しながら、Vに過度の心理的負担をかけないよう配慮する義務を負っていた。そして、D所長にはこれらの注意義務の違反があったから、D所長は、Vが自殺し死亡

したことについて、不法行為責任を免れない。

・会社は、使用者責任により、D 所長と連帯して損害賠償責任を負う。

12.　東京高判 平 26.4.23 （海上自衛隊事件）

☝ 判例のポイント

・閉鎖的な職場における暴君型の先輩隊員による極めて悪質なパワハラ（身体的な攻撃・精神的な攻撃・過大な要求）により、後輩隊員が自殺した事案。
・上司職員及び行為者にとって自殺は予見可能であったとして、使用者に自殺についての慰謝料・逸失利益を含む損害賠償請求が認められた。
・自衛隊員の事案のため、国家賠償請求等訴訟となっている。

ハラスメントの態様等

行為者　D（Vの先輩である2等海曹）

受け手　V（2等ないし1等海士。自衛官に任官して初めて乗り組んだ護衛艦で船務科電測員として約1年の勤務後、自殺）

勤務先　海上自衛隊の護衛艦T

背景

・Dは、護衛艦Tに船務科電測員として7年以上勤務していた。
・Dは、Vのみならず他の自衛官への粗暴な行為や暴行などがみられ、艦内に自ら購入した市販のエアガンを持ち込む等の行動もみられた。

Dの言動

①Vが当該護衛艦に乗り組んで数か月後から、Vに対し、仕事ぶりにいらだちを感じたときや単に機嫌が悪いときに、10回程度以上、平手や

49

拳で顔や頭を殴打したり、足で蹴ったり、関節技をかけるなどの暴行を
した。また、Vの自殺直前まで頻繁に、エアガン等を用いてBB弾を撃
ちつける暴行を加えた。

② Vの自殺の約3か月前ころから、DがVにアダルトビデオを売りつけ
て、売買代金名下に合計8万円ないし9万円の支払を要求してこれを受
領し、さらに、Vの自殺の直前に、アダルトビデオの購入会員の脱会料
名目で5000円の支払を要求し、これを受領した。Vは分割での代金支
払いについて了承を求めるほど経済的にひっ迫したが、Dは給料日後に
金員の支払いを強要した。

使用者の対応

・Vは、Dから暴行を受け始めて1か月程度たったころに分隊長に対して
エアガンで撃たれることを申告したが、何らの措置も講じられなかっ
た。

・自殺の約1か月前には、先任海曹に対し、後輩隊員に対する暴行の事実
が申告され、先任海曹からDに対してエアガンを持ち帰るよう指導が
行われたが、Dによるエアガンの撃ちつけ等の暴行が続いた。

Vの自殺

・Vは、自殺の約1か月前から、同僚に対し、Dに対する嫌悪感を募らせ
ている様子を見せ、自殺の方法を調べて話すようになり、自殺の2日前
には、Dを「生まれて初めて殺してやりたいと思った。」とまで話して
いた。

・Vは、護衛艦Tに乗り組んで約1年で自殺した。

・Vが自殺時に所持していたノートの中には、Dを絶対に許さない、呪い
殺してやるといった、同人への激しい憎悪を示す言葉などが書き連ねら

れていた。

提訴の事情

Vの遺族による提訴

　Vの遺族である母と姉が、D（民法709条）と国（国賠法1条1項）に対し、損害賠償請求をして提訴した。

判決の概要

　横浜地裁は、パワハラと自殺との相当因果関係は否定していた。

　東京高裁は、パワハラと自殺との相当因果関係を肯定し、自殺についての損害賠償責任まで認めて、国に対し、合計約7332万円（Vの逸失利益＋Vの死亡慰謝料＋Vの葬祭料＋遺族の慰謝料＋弁護士費用等）の支払いを命じた（国賠事案であるため、Dは責任を負担しない）。

理由

・Vは、Dから暴行および恐喝を受けることに非常な苦痛を感じ、それが上司職員の指導によって無くなることがなく、今後も同様の暴行および恐喝を受け続けなければならないと考え、自衛官としての将来に希望を失い、生き続けることがつらくなり、自殺を決意し実行するに至ったものと認めるのが相当である。

・以下の事実関係のもとにおいては、Dおよび上司職員らは、Vの自殺を予見することが可能であったと認めるのが相当であるから、本件違法行為とVの自殺による死亡との間に相当因果関係があると認めるのが相当である（Vの暴行等に対する精神的苦痛だけでなく、自殺についても損害賠償責任も認められる）。

　・上司職員らにおいては、遅くとも、先任海曹にDの後輩隊員に対す

る暴行の事実が申告されたとき（Vの自殺の約1か月前）以降、乗員らから事情聴取を行うなどしてDの行状、後輩隊員らが受けている被害の実態等を調査していれば、Vが自殺を決意した日の夜までに、Vが受けた被害の内容と自殺まで考え始めていたVの心身の状況を把握することができたということができる。

・Dにおいても、自らVに対して暴行および恐喝を行っていた上、Vと同じ班に所属して業務を行っていたことに照らせば、Vの心身の状況を把握することが容易な状況に置かれていたというべきである。

・国賠事案であるため、Dの個人としての不法行為責任は否定され、国の賠償責任のみが認められる。

13. 鹿児島地判 平 26.3.12 （鹿児島県・曽於市事件）

判例のポイント

・精神疾患によると思われる多数の問題行動のみられた教諭につき、県教育委員会が指導力向上特別研修を受けさせたところ、同教諭が研修開始から約1か月で自殺したことについて、死亡の慰謝料や逸失利益等の損害賠償が認められた判例（精神的な攻撃・過大な要求）。
・業務上の負荷だけでなくVが有していた精神疾患等の素因も自殺の原因と考えられること等を考慮して、損害賠償額を5割減額している。
・何らかの精神疾患を有し、その状態が良好でない労働者への対応（業務指示・指導・人事上の処分）の難しさがうかがえる事案である。
・市立中学校教諭の事案のため、市と県に対する国家賠償請求等訴訟となっている。

ハラスメントの態様等

行為者　D1（校長）、D2（教頭）、教育センターの指導官
受け手　V（市立中学校の女性教諭。32歳で自殺）

背景

・Vは、短大を卒業し平成4年4月から教員をしていた（主に音楽科を担当）。
・Vは、平成11年に不適応反応と診断され、自律神経失調症状の出現等が加わり、不眠を伴って苦しむ状態に至り、約1か月の病気休暇取得、約3か月の病気休暇取得、約2か月の病気休暇取得をしていた。
・Vは、平成14年4月に当該市立中学校に転勤し、自宅から片道約2時

間通勤していた（ガンに罹患している母親の介護を父親と分担している
ため）。

・当該市立中に勤務する V は、当日に年次有給休暇を取得することが多
　く、急な時間割の変更等を余儀なくされて他の教諭に迷惑を掛けること
　から、次第に他の教諭から孤立していった。

・V は、平成 15 年 11 月に神経症性うつ病、神経症性不眠、慢性胃炎と診
　断され、平成 17 年 2 月まで通院・服薬治療をした。

・平成 16 年 4 月、当該市立中学校に D1 校長が赴任した。

・その直後、V は、届け出とは異なる通勤経路の高速道路での通勤中に自
　損事故を起こして入院した。V は、入院中の V を見舞った D1 校長に、
　心療内科に不定期に通院していることなどを伝えた。D1 校長は、今後
　の通勤経路を確認するとともに、当該市立中学校付近への転居を検討す
　るように指導した。

・その後も、V は、時間休取得の連絡をするが出勤時間は伝えないことが
　複数回あったことや、教頭に対する言葉遣いが悪いことについて、D1
　校長から指導をうけた。

・また、教育事務所長より D1 校長に対して、V が忘れ物をした生徒を椅
　子の上に正座させていたことについて、V による体罰の常態化の可能性
　が指摘された。そこで、D1 校長が V を指導したところ、V は年休取得
　を申し出て帰宅した。D1 校長は、V の両親を中学校に呼び出して面談
　し、V の通院状況等を確認するとともに、V が注意を受けても話を聞か
　ず反省の態度がないことを伝え、V が長期休暇を取ること等を説得する
　よう依頼した。

・D1 校長は、V の同意を得たうえで心療内科の医師に面談し、具体例を
　あげて V の教師としての資質に問題がある旨指摘し、長期の療養休暇
　を勧められないか打診したが、医師は「教師の資質に関しては当院で判

断すべきことではない。本人が療養休暇を望むような状態でなければ当院から休職を勧める理由もない。」と説明し、D1校長は、Vの疾患が精神的なものではないと受け止めた（医師は、D1校長について、やや過敏、ヒステリックになっているとの感想を持った）。

・Vは、ストレスの原因が咬合不全と自分の容姿が対人関係に影響を与えていることにあると考えるようになり、顎変形症の手術のため大学病院に入院し、約1か月の病気休職を取得した。

・教育事務所長がD1校長に対し、Vを来年度すぐに指導力不足等教員として申請するよう指示した。

・Vは、顎変形症の手術の際に声帯を損傷し、そのことが音楽科教師としての地位に影響を与えることを懸念するようになって更にストレスを深め、D1校長に対し、パニック症に罹患した旨報告し、平成17年3月まで約3か月間の病気休暇を取得した。病気休暇中に損傷した声帯の手術を受けて入院していたVに対し、D1校長は、病気休暇を延長できる旨を伝えたが、Vはこれを断り、出勤を強く希望した。

D1校長らの言動とVの行動

①業務負担の増加

・平成17年3月、Vが、多少の業務軽減の必要性が記載された診断書を提出して職場に復帰したところ、D1校長はVに対し、教員配置の関係で、4月から従前の音楽科・家庭科に加え、それまで担当したことのない国語科を担当することを打診した。Vは了承しなかったが、D1校長は方針を変えず、最終的にVは了承した。

・このため、Vは、前年度と比較すると、1週間に担当する授業数が、約12時間から約20時間に約8時間増加し、教科担当以外の校務分掌も減らされていなかった（ただし、平成17年11月から平成18年3月まで

の時間外勤務の時間数は 0 時間)。

○ V の問題行動

・平成 17 年 9 月頃から、V は急な年次休暇の取得や授業の準備不足等が目立つようになり、D1 校長が指導を行った。／同年 10 月、生徒に自習を指示して V は図書室にいたため生徒が教室で騒ぎ、隣で授業中の教諭が注意し、D1 校長が V を指導した。／勤務中に外出し、予定されていた音楽会の準備に間に合わなかった。／D1 校長と D2 教頭がこれまでの V の勤務態度について校長室で指導を行ったところ、V が泣き出して、「教頭先生は私が嫌いだから、私だけが注意を受けている」旨を述べた。／平成 17 年 12 月、当日になって年休を取得したが、同日が締切日となっている生徒に対する評価を提出していなかった。／平成 18 年 1 月、予定されていた国語の実力テストの問題を作成していなかった。／同年 7 月、職員室で同僚の教諭から仕事に対する甘さを指摘されると、胃潰瘍で吐血したと訴えて自ら救急車を呼び病院へ搬送されたが、病院での診察時、吐血した事実がないことが判明し、D1 校長と D2 教頭が指導した。

②指導力不足等教員にかかる申請

・平成 18 年 7 月、D1 校長は、県教育委員会に対し、V について、指導力不足等教員に係る申請を行い、県教育委員会は、V が指導力不足等教員に該当し研修を実施することが必要であるとの決定を行った。

V の自殺

・V は、平成 18 年 10 月から、教育センターにおいて、指導力向上特別研修の受講を開始した。

・V は、指導官に対し、偏頭痛、めまいの症状が出たことおよび病院へ治療に行ったことを申告し、その後も、蕁麻疹がでて病院で治療を受けた

と申告した。

③指導官は、Vに対し、これまでの教員生活を振り返り自己の課題を発見するために、自分史に基づく指導を継続させた。また、休職や退職を考えたいというVの研修日誌の記載に、「自分の身上や進退については、両親や担当者とも十分に相談してください」とコメントするなどした。

・Vは、研修受講から約1か月後に、指導官に対し、「不安感が強い」と申告して年休を取得し、研修を早退したうえで、自殺した。

・Vの遺書には、D1校長について「あんたは最低です。この全責任はあなたがとってください」「今まで受けたいじめは指導以上のパワーハラスメントですよね」「人一人あなたは殺しました」等と記載し、D2教頭について「必要以上に校長を弁護してきましたね」「罪を償ってください」等と記載していた。

提訴の事情

Vの遺族による提訴

Vの遺族である両親が、市と県に対し、損害賠償請求をして提訴した。

判決の概要

鹿児島地裁は、D1校長、D2教頭、県教育委員会および指導官らの一連の各行為が安全配慮義務違反の行為であり、Vはかかる行為の影響により、正常な判断ができない状態で自殺したと認定した。そして、一連の各行為とVの精神疾患の増悪および自殺との間に相当因果関係があるとして、自殺に関する損害賠償を認めた。

ただし、Vの精神疾患等の素因等に照らし、損害賠償額を5割減額して、市と県に対し、合計約4367万円（Vの逸失利益＋死亡慰謝料＋葬儀費用＋弁護士費用等）の支払いを命じた（連帯責任）。

理由

① （業務負担の増加について）Vの業務における心理的負荷は、精神疾患による病気休暇取得直後の労働者にとって過重であった。

② （指導力不足等教員にかかる申請について）Vの業務負担が増加した状況にあり、Vの行動に通常ではあり得ない精神状態の悪化を疑うべき兆候が現れていたことからすると、D1校長・D2教頭において、Vが何らかの精神疾患を有しており、その状態が良好でないことを認識し得たというべきところ、Vの状況について心療内科の医師に確認することなくD1校長が指導力不足等教員にかかる申請を行っている。そして、研修の受講は、何らかの精神疾患を有し、その状態が良好でないVにとって、極めて心理的負荷が大きいものであると認めることができ、D1校長およびD2教頭は、これまでのVの行動に照らして、Vの心理的負荷を知り得る状況にあったものと認めることができる。

③ （指導官らの言動について）指導官らもVが何らかの精神疾患を有していることを認識し得たというべきであるが、自分史に基づく指導を継続し、「自分の身上や進退については、両親や担当者とも十分に相談してください。」とコメントするなど退職を促しているとも受け取られる指導を行っており、Vにとって、極めて心理的負荷が大きいものであったというべきである。

・（損害賠償額の減額について）Vが自殺するに至ったことについては、業務上の負荷と、Vが有していた精神疾患が共に原因となったと認められる。そこで、Vの精神疾患の罹患歴、対人関係にストレスをためやすいVの傾向、D1校長が病気休暇の延長を勧めた際にVが合理的な判断をすることができるだけの判断能力があったにもかかわらずこれを断ったこと、その後もVが自己の健康を保持するための行動をとっていないこと等に照らし、素因減額3割および過失相殺2割を損害賠償額

から控除すべきである（減額割合は 5 割）。

14.　名古屋地判 平 26.1.15（メイコウアドヴァンス事件）

☞ 判例のポイント

・暴君型の社長の暴言、暴行および退職強要のパワハラ（身体的な攻撃・精神的な攻撃）を受けた従業員が自殺した事例で、自殺に対する社長と会社の損害賠償（約 5414 万円）まで認めている。

ハラスメントの態様等

行為者　D1（代表取締役社長）、D2（監査役）

受け手　V（金属ほうろう加工に関連する業務に従事し、自殺時は入社約5 年で 52 歳）

勤務先　金属ほうろう加工業等を営んでいた会社

背景

・V は、設備や機械を損傷するという事故を含むミスをしばしば起こした。

D1 社長の言動

・D1 社長は、V が仕事でミスをすると、「てめえ、何やってんだ」、「どうしてくれるんだ」、「ばかやろう」などと汚い言葉で大声で怒鳴っていた。あわせて V の頭を叩くことも時々あったほか、V を殴ることや蹴ることも複数回あった。

・D1 社長は、V ら従業員に対し、同人らがミスによって会社に与えた損害について弁償するように求め、弁償しないのであれば同人らの家族に

弁償してもらう旨を言ったり、「会社を辞めたければ7000万円払え。払わないと辞めさせない。」と言ったこともあった。

・自殺の7日前、D1社長は、Vに対し、大腿部後面を左足および左膝で2回蹴るなどの暴行を加え、全治約12日間を要する両大腿部挫傷の傷害を負わせた。

・自殺の3日前、D1社長がVに対し、退職願を書くよう強要し、Vは退職届を下書きした。下書きには、「私Vは会社に今までにたくさんの物を壊してしまい損害を与えてしまいました。会社に利益を上げるどころか、逆に余分な出費を重ねてしまい迷惑をお掛けした事を深く反省し、一族で誠意をもって返さいします。2ヶ月以内に返さいします。」などと記載されていた。

Vの自殺

・退職届を下書きしたVは、帰宅して、妻に対し、「もう駄目だ、頑張れない、会社を辞める」などと述べた。その際に、妻がVの両足の後ろ側に大きな黒いあざがあるのを見つけて暴行に気付いた。

・翌日（自殺2日前）、妻とVは、病院で診断書を取った後、警察署に行き相談した。

・自殺前日、Vは「仕返しが怖い」と怯え、午後10時ころに仕事から帰宅した後、絨毯に頭を擦り付けながら、「あーっ！ちょっと気晴らしに同僚に会ってくる。」と言って出掛け、翌日午前4時ころ、墓苑内公衆トイレにおいて自殺した。

・Vの遺書には、「（妻）へ　ごめん！！オレがいると、みんなに迷惑が掛かるので死ぬしかないと思う。オレ自身借金もあるし、プロミス、アコム、アイフル　いろいろお金を使い込んでしまったので支払もたいへんだと思う。会社にも迷惑ばかり、かけて物を壊したり、ミスをおかして

トラブルばかりしているのでこの先、会社へ行って、仕事をしても、また同じ失敗をくり返すだろうと思うし、死んで償いをします。」などと記載されていた。

提訴の事情

Vの遺族による提訴

Vの妻が労災申請し、労基署長は平成22年に不支給決定をしたが、その後の調査結果を踏まえ、平成24年に不支給決定を取り消して支給決定をした。

これを受けて、妻と子が、D1社長・D2監査役と会社に対し損害賠償請求をして、提訴した。

判決の概要

名古屋地裁は、D1社長の言動を不法行為と認定し、会社の損害賠償責任（会社法350条）を認めて、D1社長と会社に対し、合計約5414万円（Vの逸失利益約2656万円＋死亡慰謝料2800万円＋弁護士費用等から損益相殺分を控除した額）の支払いを命じた（連帯責任）。なお、D2監査役の不法行為責任は否定した。

理由

・D1社長のVに対する暴言、暴行および退職強要のパワハラが認められる。D1社長のVに対する暴言および暴行は、Vの「仕事上のミスに対する叱責の域を超えて、Vを威迫し、激しい不安に陥れるものと認められ、不法行為に当たると評価するのが相当」である。退職強要も不法行為に当たる。

・Vは、仕事においてミスをすることが多くなると、しばしば暴言をし、

頭を叩くという暴行をときどき行っており、Ｖの心理的なストレスとなっていたところ、自殺 7 日前の暴行は、仕事上のミスに対する叱責の域を超えるものであり、本件暴行がＶに与えた心理的負荷は強いものであったと評価するのが相当である。自殺 3 日前の退職強要は、その態様および退職届の内容からすれば、Ｖに与えた心理的負荷が強いものであったと評価するのが相当である。したがって、Ｖは、従前から相当程度心理的ストレスが蓄積していたところに、自殺 7 日前の暴行および自殺 3 日前の退職強要を連続して受けたことにより、心理的ストレスが増加し、急性ストレス反応を発症したと認めるのが相当であり、急性ストレス反応により、自殺するに至ったと認めるのが相当である。

・（原告らは D2 監査役が日常的に暴言、暴行をなしたことも主張したが）D2 監査役については、原告らの主張自体、D2 監査役がＶに対し日常的に暴言、暴行をしたことがあるという抽象的なものにすぎない上、関係者の供述もＶから聞いたことがある、汚い言葉でヒステリックに叫んでいたことがよくあったというものにすぎないから、D2 監査役がＶに対し、日常的に暴言や暴行を行っていたということを認めるに足りる証拠なく、原告らが主張する D2 監査役のパワハラを認めることはできない。

・原告らは年金等として約 533 万円の支給を受けているので、これを損益相殺した額が合計約 5414 万円となる。

15.　大阪高判 平 25.10.9（アークレイファクトリー事件）

👆 判例のポイント

・正社員（監督業務）の派遣労働者に対する、支配・被支配といえる人間関係におけるパワハラ（精神的な攻撃）の事例で、行為者と会社に対し、慰謝料等33万円の支払いを命じた判例。

・指導に付随してなされた軽口であっても、受け手から当惑や不快の念が示されているのに、これを繰り返し行う場合には、違法性を帯びるに至ると判示している。

・ただし、行為者には強い害意や常時嫌がらせの指向があるというわけではなく、言動としても受け止めや個人的な感覚によっては単なる軽口として聞き流すことも不可能ではない、グレーゾーンに近い事例であることから、慰謝料額は30万円にとどまった。

・発覚後の会社の対応には、迅速に受け手の事情聴取を行わず、しかも受け手の事情聴取よりも先に行為者の事情聴取を行うなどの不手際があり、これが紛争の深刻化を招いた可能性がある。

ハラスメントの態様等

|行為者| D1・D2（正社員の製造ライン責任者。Vら作業担当者に対する作業指示・監督業務に従事）

|受け手| V（工場勤務の派遣労働者で、試薬の製造に伴う機械操作および付帯作業に従事）

|勤務先| 医薬品試薬等輸出入製造販売の会社

D1・D2の言動

① Vは、日中の業務引継ぎでD2から指示された業務を夜勤務においてしていたところ、D1の指示に基づきこれを止めた。これに対して、D2が命令違反として非難した。

②派遣労働者のせいで生産効率が低下したとD2が上司に説明後、D2が、作業改善し生産効率が上昇すればD2の成果にできるとし、生産効率を落とすようVに言った。

③プログラムの変更作業を指示通りしていなかったとして、D2がVを叱責し、「殺すぞ」と述べた。

④機械の清掃の際にVが洗浄液をこぼした上、これを丁寧に拭き取らず機械の腐食や不良製品製造に繋がるような事態を生じさせたため、D2がこれを咎め、唐突に「殺すぞ」などと述べた。

⑤体調不良でVが欠勤した際、D2がVに対し、仮病でパチンコに行っていたとの疑いをかけた。

⑥D1・D2が、Vが所有する車両に関し、「塩酸をこうチョロ、チョロ、チョロと」などと危害を加えるかのようなことを述べた。

⑦D2が、Vが所有する車両（コペンという車名）に関し、「むかつくわコペン。かち割ったろか」などと述べた。

⑧④の際に、D2が「あほ」などと述べた。

⑨D2が、職場の機械の故障音になぞらえ、Vが所有する車両に関し、「コペン壊れた？」「コペンボコボコになった？」などと述べた。

⑩D2が「今日、派遣が一人やめましたわ」などと述べた。

⑪VがD2に挨拶した際、D2が咳き込み「ごほ、ごほ、ごほ」と応答した。

⑫D2がVに対し「頭の毛、もっとチリチリにするぞ」、「ライターで」などと述べた。

事業主の対応・提訴の事情等

会社の対応等

・Vが、派遣元会社に対し、派遣先の会社の従業員からパワハラ行為を受けている旨の申告をした。

・申告を受けた派遣元会社は、派遣先会社に対して苦情申出をして、同社が本件を認識した。

・派遣先会社は、派遣元会社に担当者2名を差し向けて、派遣元会社の事情聴取を行った。

・派遣先会社は、監視を強化したが、Vに対する事情聴取は行っていなかった。

・Vは、上記申告の約2か月後に、滋賀県紛争調整委員会にあっせん申請を行った。

・あっせんの通知が届いた3日後、派遣先会社は、人事労務部門管理を行っていた管理職が、製造ラインの責任者から事情聴取を行い、翌日、D2らから事情聴取を行った。事情聴取において、D2は、あっせん申請書に記載されていたパワハラの各言動については、記憶がなく仮にあったとしても冗談で言った、記載されている発言はしていない等と述べ、入社当初は厳しく指導したことはあったが、現時点では職場環境は良好であると述べた。

・人事労務管理職は、Vにも事情聴取し、その際に、監視を強化したが、Vの苦情内容に沿う事実は見受けられなかった旨、および今後も共に仕事をしていくのだから自分や製造ラインの責任者に相談してもらいたい旨を述べた。

V による提訴

　V は、会社に対し、使用者責任および会社固有の不法行為に基づく損害賠償として慰謝料 200 万円を請求し、提訴した。

判決の概要

　大阪高裁は、①～⑨につき、包括して不法行為が成立し、Y 社も使用者責任を負うとして、D1・D2 と Y 社に対し、33 万円（慰謝料 30 万円＋弁護士費用 3 万円）等の支払いを命じた（連帯責任）。

　派遣先会社固有の不法行為責任については、否定した。

理由

・①～④　監督者は、労務遂行上の指導・監督を行うに当たり、粗雑で極端な言辞をもってする指導が当該監督を受ける者との人間関係や当人の理解力等も勘案して、適切に指導の目的を達しその真意を伝えているかどうかを注意すべき義務がある。なお、「殺すぞ」というような極端な言辞は、仮に「いい加減にしろ」という叱責であり、D2 が日常的に荒っぽい言い方をする人物であることや実際に危害を加える具体的意思はないことを被監督者が認識していたとしても、特段の緊急性や重大性を伝えるという場合のほかは、被監督者が受忍を強いられるいわれはないところ、本件では、特段の緊急性や重大性はうかがわれない。

・⑤～⑨　「指導に付随してなされた軽口ともみえる発言」といえるが、「それが 1 回だけといったものであれば違法とならないこともあり得るとしても、V によって当惑や不快の念が示されているのに、これを繰り返し行う場合には、嫌がらせや時には侮辱といった意味を有するに至り、違法性を帯びるに至る」。本件では「監督を受ける者に対し、極端な言辞をもってする指導や対応が繰り返されており、全体としてみれ

ば、違法性を有するに至っている」

・⑩～⑫　D2 に悪意や他意があるとまではうかがわれないから、極めて不適切で度を超した発言であるとまではいえない。／⑪（V は D2 があえて無視したと主張しているが）経緯や態度等になお不明な点もあり、これのみを抜き出し、あえて D2 が V を無視した会話内容であるとまで認めるには足りない。／⑫その前後の遣り取りを通じてみると、この発言は冗談であるとして受け流されているものとみられ、極めて不適切とまではいえない。

・**慰謝料額の算定に関する考慮事項**

　D1・D2 らが正社員で V が派遣社員であることも手伝って、両者の人間関係は基本的に反論を許さない支配・被支配の関係となっていたということができる。D1・D2 の言辞を個別にみるときには不適切というに止まるものもあるが、中には V がその種の冗談は明らかに受入れられないとの態度を示しているのに、繰り返しなされている部分があるのであって、一方的に優位な人間関係を前提に、融通の利かない生真面目な性格を有する V に対する言辞としては、社会通念上著しく相当性を欠きパワーハラスメントと評価することができるといわざるを得ない。ただし、D2 らの発言は監督者として、態様および回数において、不注意な逸脱部分はあるものの、V に対する強い害意や常時嫌がらせの指向があるというわけではなく、態様としても受け止めや個人的な感覚によっては、単なる軽口として聞き流すことも不可能ではない、多義的な部分も多く含まれていることも考慮すべきである。

・**V が主張した派遣先会社固有の不法行為責任について**

　V からの事情聴取が迅速に行われたとは言い難い。しかし、D1・D2 からの事情聴取の結果、同日時点での職場環境は良好で、具体的な問題が起きていなかったというのであり、派遣先会社の当時の認識からすれ

ば、Ⅴの受け止めの問題とも解する余地があったということもできる。苦情申出の事実認識後1か月のうちに、Ⅴから事情聴取を行わず、監視強化を行うに止まったことや、あっせん申請書到達後、まずはⅤから事情聴取を行わなかったことが、直ちに派遣先会社固有の不法行為を構成するとまで断定するのは困難である。したがって、派遣先会社固有の不法行為に基づく請求部分は理由がない。

16.　東京地判 平 24.8.7

👆 判例のポイント

・上司の部下に対するメールによる執拗な叱責（精神的な攻撃）が不法行為にあたると認定し、行為者に対して慰謝料等約 20 万円の支払いを命じた判例。

ハラスメントの態様等

行為者	D1（神経生理学講座の主任教授）・D2（同講座の准教授）
受け手	V1（准教授。昭和 54 年から平成 19 年 3 月まで細胞生理学講座に在籍し、D1 教授の誘いを受けて、平成 19 年 4 月から神経生理学講座に移籍したが、平成 20 年 3 月に退職した。）
勤務先	医科大学

背景等

・当大学の細胞性学講座には、平成 3 年から V1 の妻 V2 が助教として在籍し、10 年以上にわたって共同研究を行っていた。

・平成 19 年 4 月に神経生理学講座に移籍した V1 准教授は、D1 教授の了解を得て共同研究を継続していたところ、平成 19 年 6 月ころ、D2 准教授の了解を得ずに、D2 准教授から新たな実験を提案されて提供されていた酵母（自然界には存在しない改変酵母）を用いて、共同研究で予備実験を行った。共同実験の結果を V2 助教のグラント申請に使うことになったことを知った D2 准教授は、憤慨し、D1 教授を通じて、V2 助教が在籍していた細胞生理学講座の教授に対し、酵母の無断使用に関する

連絡を行い、V2 助教からメールで謝罪を受けた。

・V2 助教は、V1 准教授の移籍後、神経生理学講座の V1 准教授の居室に頻繁に出入りするようになり、神経生理学講座の旧知の助教から、夫婦が同じ教室で一緒に仕事するについては十分に気をつかわないと周りの人が不快な思いをする旨を告げられた。このため V2 助教は、神経生理学講座の研究室への出入りを控えるようにした。

・平成 19 年 8 月、V1 准教授が食堂の電子レンジで実験用材料を容器に入れて加温したことについて、D2 准教授は、V1 准教授が遺伝子組換えたんぱく質を使用する研究をしていたことから、遺伝子組換えたんぱく質を電子レンジで加熱したものと考えて、V1 准教授を注意した。D1 教授もメールで同様の指摘をし、電子レンジが買い替えられた。

・平成 19 年 8 月、D1 教授が V1 准教授に対し、メール等により、共同研究は推進されるべきものであるが、公私混同は忌避されるべき等の指摘を繰り返し行った。このため、V1 准教授と V2 助教は、共同研究が妨げられている状態にあるものと考えた。

・平成 19 年 8 月下旬、V1 准教授が心療内科を受診し、適応障害によるうつ状態との診断を受け、V2 助教も、同年 9 月 12 日に心療内科を受診し、適応障害との診断を受けた。

・平成 19 年 9 月 26 日、V1 准教授は、選択定年制度により退職することを決意して、大学に退職願を提出し、平成 20 年 3 月末付けをもって退職する旨を申し出て、10 月 19 日から約 1 か月間、有給休暇を取得した。

・平成 19 年 11 月 9 日、D1 教授は、V1 准教授に対し、休暇明けの勤務について、在宅勤務を勧め、「このままでは、今まで以上に教室の雰囲気に悪影響が出てしまうことを強く懸念します。また、単に出勤の規定事実を作るだけに等しい行為は、教室の士気に甚大な弊害をもたらしますので、最悪です。」と記したメールを送信した

- これに対し、V1 准教授は、メール返信で、在宅勤務は行わず、D1 教授の懸念を尊重し、研究室を利用せずに学内の施設を利用し、実験を行う旨を伝えた。
- D1 教授、D2 准教授および V1 准教授の話し合いが行われたが、D2 准教授は、V1 准教授が単独で実験を行うことには危険がつきまとうため反対する旨を述べ、D1 教授・D2 准教授は、V1 准教授に対し、D2 准教授のもとで実験を行うよう求め、さらに、D1 教授は、V1 准教授に対し、メールで、今後の勤務形態について、D2 准教授の指導のもとで研究室業務に従事するか、在宅勤務とする旨の提案をした。
- その後の D1 教授らとの話し合いにおいて、V1 准教授が、実験は行わずに、V2 助教との共同研究の論文をまとめるべく在宅勤務を行う旨を申し出たところ、D2 准教授が、実験を行うべきことと、在宅勤務は正式な勤務形態ではないので許可されるべきではなく、病気が原因であれば休職か病欠とすべきである旨を主張した。これに対して、V1 准教授は、在宅勤務を希望し、D1 教授は、V1 准教授の在宅勤務を許可した。
- 平成 19 年 11 月 21 日、D1 教授は、V1 准教授に対し、在宅勤務に伴い居室を明け渡すよう求め、V1 准教授は居室を明け渡した。
- V1 准教授は、在宅勤務開始後も、学事として学生に対する講義等を行い、V2 助教と共同で、神経生理学講座と細胞生理学講座とが共同で運営する実習を担当していた。V1 准教授は、実習を受講する学生らのレポートを採点した成績を、当初提出する予定であった R 准教授ではなく、V2 助教を通じて、生理学実習全体の担当者（講師）に提出したところ、R 准教授からの催促を受け、改めて R 准教授に提出した。

D1 教授・D2 准教授による一連のメール

- 平成 19 年 12 月 27 日、上記採点結果報告の件について、D2 准教授が、

V1 准教授を叱責するメールを、V2 助教及び D1 教授に出し、以後、平成 20 年 1 月 4 日までの間、D1 教授と D2 准教授は、V1 准教授に対し、相互に呼応しつつ合わせて 20 件以上のメールを昼夜を分かたず送信した。その内容は、採点結果報告の件についての叱責に端を発しているが、それにとどまらず、V1 准教授の一般的な教育研究態度や能力、人格等についてまで非難するもので、その表現も、「私は『教育職』には極めて不適当であると考えます。」「後 3 か月しかない状況で、しかも在宅勤務という自分勝手な状況を選択しておいて、今更なにが学事に努めるですか。具体的にどう努めるのですか？」「給料は全額もらって働かず、学生の指導をしているふりをして、迷惑だけをかけるなど身勝手過ぎます。」「このような常識も判断できないなら、学生の指導などできないでしょうから今すぐ休職してはどうですか。」等、極めて激しい記述を含むものであった。

・V1 准教授は、これらに対して、その都度もっぱら D1 教授らの言い分を認めて反省の態度を示す内容のメールを 10 件も返信しているが、D1 教授・D2 准教授は、なおも上記のような内容のメールの送信を執拗に続けた。そして、D1 教授・D2 准教授は、以上のメールのほとんどを、CC の参考送信機能を使用するなどして、R 准教授らにも同時送信し、また、そのうちの数件については、V2 助教にも送信した。

提訴の事情

V1・V2 による提訴

・V1・V2 は、D1 教授らからパワハラを受けたとして、D1・D2 らに対し、慰謝料を請求して提訴した。

判決の概要

　東京高裁は、D1 教授・D2 准教授の一連のメールが不法行為を構成するとして、D1・D2 に対し、20 万円の損害賠償を命じた（連帯責任）。

理由

・D1 教授・D2 准教授のメールについて、相当程度の精神的苦痛を余儀なくされたものと認められる。発端となった採点結果報告提出の問題は、V2 助教も実習に参加していたのだから、V1 准教授の行為が大きな非難に値するものとは考えられず、D1 教授らが問題とする V1 准教授らについてのその他の事件も、それぞれの時点で V1 准教授から反省や謝罪が示され、一応の決着がついている問題であって、一連のメールの時点においてそれを蒸し返す必要性や必然性があったことはうかがうことができない。そうすると、一連のメールは、職場の上司や同僚としての指導、監督助言等として社会的に相当といえる限度を逸脱したパワーハラスメントないし嫌がらせというほかはなく、不法行為を構成するものと認められる。

・V1 准教授は、D1 教授らのその他の言動も不法行為に当たると主張していたが、損害賠償責任を認めるほどの違法性があったとまでは評価することができない等として、不法行為を構成するものではないとした。

17. 東京高判 平 25.2.27
（ザ・ウィンザーホテルズインターナショナル事件）

👆 判例のポイント

・上司の部下に対するアルハラ・パワハラの事案（精神的な攻撃・過大な要求・個の侵害）で、行為者と会社に対し、慰謝料150万円の支払いを命じた判例。
・受け手にも一定の問題があった。
・受け手はパワハラにより精神疾患を発症したと主張したが、判決は否定した。
・携帯電話の留守電メッセージやメールが重要な証拠となっている。

ハラスメントの態様等

行為者	D（営業部次長。Vの上司）
受け手	V（中途入社1年目で営業部所属）
勤務先	ホテル

背景

・Vは、入社当初から、取引先への回答遅延等のミスが複数回みられた。

Dの言動

①飲酒強要

・出張中、Vのミスによる不手際の反省会で、D次長がVにビールを勧めたところ、いつもは付き合いのため少量のビールを飲むVが風邪気味だったこともあり、断った。これに対し、D次長が、「少しぐらいな

ら大丈夫だろ」「お前、酒飲めるんだろう。そんなに大きな体をしているんだから飲め」「俺の酒は飲めないのか」などと語気を荒げ、執拗にビールを飲むことを要求し、Ｖは飲酒した。Ｖは気分が悪くなりトイレで嘔吐し、その旨をＤ次長に伝えたが、Ｄ次長は「酒は吐けば飲めるんだ」などと言って更に飲酒させた。全体の酒量はコップ３分の２程度であった。

・反省会後も、ホテルのバーでＤ次長がＶに酒を勧め、Ｖは小さめのコップ３分の１程度飲酒した。

・Ｖは数日後に気分が悪くなり有給休暇取得、欠勤を繰り返し、急性肝障害にり患していることが判明、約半月欠勤し、その間、Ｖは精神神経科も受診した。

②運転強要

・Ｄ次長は、Ｖが体調を崩していたにもかかわらず、レンタカーの運転を強要した。

③メールと留守録による暴言

・Ｖが、外出先から一旦帰社するようにとのＤ次長の指示に従わず、これに気付いたＤ次長がＶに電話しても、既に自宅近くであることを理由にＶは帰社を拒否した。憤慨したＤ次長は、23時ころにメールで「Ｖさん、電話でないのでメールします。まだ銀座です。うらやましい。僕は一度も入学式や卒業式に出たことはありません。」、さらにＶの携帯電話の留守録に「あの、本当に私、怒りました。明日、本部長のところへ、私、辞表を出しますんで。本当にこういうのはあり得ないですよ。よろしく。」「こんなに俺が怒っている理由わかりますか。」「本当、僕頭来ました」等と録音した。

・その後の出社時に、Ｄ次長はＶに対し、上記について謝罪した。

④留守録による暴言

76

- Ｖは平常勤務を続けていたが、精神神経科を受診していた。
- Ｖが夏季休暇を申請していたことを知らなかったＤ次長が、Ｖの夏季休暇初日に重要案件の打ち合わせ等をすることをＶに伝え、Ｖは異議を述べなかったが、Ｖが夏季休暇で出社せず、Ｄ次長がＶに電話しても、Ｖは夏季休暇を申請していることはわかることとして出社を拒否した。
- このため一人で案件対応したＤ次長は、23時ころ、Ｖの携帯電話の留守電に、「出ろよ。ちぇっ、ちぇっ。ぶっ殺すぞ、お前」「お前、辞めていいよ。辞めろ。辞表を出せ、ぶっ殺すぞ、お前」等と語気荒くして録音した。

事業主の対応・提訴の事情等

会社の対応等

- ④の留守録を聞いて不安になったＶは、夏季休暇明けに労働局労働相談コーナーに相談し、アドバイスに従って、本部長に面会し、留守録を聞いてもらった。本部長は、「Ｄ君から君への指揮監督権は剥奪しよう」「人事部から正式な注意をするようにさせよう」と回答した。
- その後もＶは勤務したが、精神神経科には通院していた。
- 本部長は、Ｖを直接の部下としたが、Ｖの座席はＤ次長の座席の隣のままだった（Ｖからの苦情はなく、Ｄ次長とＶの業務上の接触も少なくなる）。
- （留守禄事件から約5か月後）Ｖの独断で会社に約160万円の費用負担が発生する出稿手続きを進めていたことが判明し、上司Ｈが対応して損害を最小限に抑えた。
- このため会社は、Ｖを担当業務から外し、年棒を50万円減額して450万円にし、上司Ｈが説明してＶの了解を取り付けた。

・その後、D次長が、必要な業務のためにVに期限を付した資料提出を求めたところ、Vは期限を守れず、D次長が連日催促した。

・(留守録事件から約7か月後)、Vは、営業部責任者との面会時に、精神神経科通院の事実と留守録の件を伝え、その約1か月後から有給休暇をとり、その後も適応障害にて1か月半程度の自宅療養の必要を認めるとの診断書を提出して欠勤した。それ以後の詳しい病状の会社への報告はなかった。なお、会社は90日の休職命令を発令し、これに対してVは異議を出さなかった。

・休職期間満了前に、会社からVに休職期間満了予告通知のメールを出すと、Vからは、担当医に相談している旨と労災認定に向けて労基署に相談している等の返信があった。

・そのまま休職期間が満了し、自然退職の処理がなされた。

Vによる提訴

　Vは、パワハラにより適応障害等を発症したとして、D次長と会社に対し損害賠償請求（慰謝料・休業損害合計約477万円）をするとともに、会社に対し、精神疾患は業務上の疾病であり休職命令・自然退職は無効と主張して、地位確認と賃金を請求して、提訴した。

判決の概要

　東京高裁は、①〜④についての不法行為を認め、D次長と会社に対して150万円の慰謝料の支払いを命じた（会社は使用者責任により連帯責任）。他方で、休職命令無効と自然退職無効の確認請求については棄却した。

理由

①飲酒強要は、単なる迷惑行為にとどまらず不法行為法上も違法である。

②僅かな時間であっても体調の悪い者に自動車を運転させる行為は極めて危険であり、体調が悪いと断っているVに対し、上司の立場で運転を強要したD次長の行為が不法行為法上違法であることは明らか。

③メールと留守録による暴言は、内容や語調、深夜の時間帯であることに加え、従前のD次長のVに対する態度に鑑みると、Vが帰社命令に違反したことへの注意を与えることよりも、Vに精神的苦痛を与えることに主眼がおかれたものと評価せざるを得ないから、Vに注意を与える目的があったことを考慮しても、社会的相当性を欠き、不法行為を構成する。

④留守録による暴言は、留守電に及んだ経緯を考慮しても、不法行為法上違法であることは明らかであるし、その態様も極めて悪質である。

違法とされなかった行為

・期限を守れないVに対し、D次長が連日催促したことは、Vの業務が過大という程増大したと認めるに足りる証拠はないから、違法とはいえない。

休職命令と自然退職の有効性について

・Vが発症した適応障害等がD次長のパワハラ行為によるものと認めることは困難であるから、休職命令は有効である。

・Vは会社からの告知を受けていたのに、復職願いや相談等の申出をすることなく自然退職に至ったのだから、退職扱いが権利濫用とはいえない。

18. 大分地判 平 25.2.20 （カネボウ化粧品販売事件）

```
┌─ 👆 判例のポイント ─────────────────────────┐
```
・罰ゲームによるコスチューム着用指示等が不法行為にあたるとして、行為者と会社に対して、慰謝料等 22 万円の損害賠償を命じた判例

ハラスメントの態様等

行為者	D1（課長）・D2（係長）・D3（主任）：化粧品販売会社に出向して勤務する V の上司
受け手	V（当該会社に出向してビューティーカウンセラーとして勤務）
勤務先	化粧品販売会社

D1 らの言動

・D1・D2・D3を含む7名（うち6名は女性）で構成されるリーダー会議は、拡販コンクールで商品販売数が目標数に達しなかった（未達）Vら4名の罰ゲームを行うことを決定し、平成21年10月末に実施された会社業務としての研修会に先立ち、D2係長らがVら未達者4名を呼び出して、罰ゲームとして、用意していたコスチュームを選ばせて着用させた。

・コスチュームはピンク色を黒で縁取りしたウサギの耳の形のカチューシャ、上半身は白い襦袢の上に紫の小袖と光沢のある青色の肩衣、下半身は光沢のある黄色の袴であった。Vは拒否をしなかったが、着用についての意思確認はなかった。

・Vは、研修会当日は、勤務時間・休憩時間を含めて終日着用し、予定さ

れていた発表もした。

・平成 21 年 11 月、他の研修会で、コスチュームを着用した V の姿を含む研修会の様子が V の了承を得ずにスライド投影された（V は投影をやめるように抗議しなかった）。

・平成 21 年 11 月末、V はクリニックに月 1 回から 2 回程度通院するようになり（愁訴には、本件だけでなくその他の会社の V に対する対応への不満も含まれている）、同年 12 月 1 日以降、年次有給休暇、有給病気休暇、欠勤を経て、平成 22 年 5 月末付けで雇用期間が満了した。

事業主の対応・提訴の事情等

V の申立と会社の対応

・平成 22 年 4 月、V は大分県労働委員会にあっせんを申請し、パワハラ行為について会社として責任をとることと、行為者の処分等を求めた。

・その後、会社は、支店長を減給処分・転勤、D1 課長を減給処分・降格処分、D3 主任を転勤とした。

V による提訴

　V は、D1 課長・D2 係長・D3 主任および会社に対して 319 万円の損害賠償を請求して提訴した。

判決の概要

　大分地裁は、D1・D2・D3 の不法行為責任を認め、D1 らと会社に対して、損害賠償責任として 22 万円（慰謝料 20 万円＋弁護士費用 2 万円）の支払いを命じた（連帯責任）。

理由

・（D1 らの行為が不法行為に当たるかについて）コスチューム着用の目的はレクリエーションや盛り上げ策であり、目的そのものには妥当性が認められる。また、V がコスチューム着用を明示的に拒否していない。しかし、V らは研修会の出席が義務づけられており、その際にコスチューム着用が予定されていながら、V の意思を確認することもなされず、D1 らが、職務上の立場に基づき、コスチュームの着用を求めたものであり、たとえ任意であったことを前提としても、V がその場でこれを拒否することは非常に困難であった。さらに、コスチュームの着用は会社の業務内容や研修会の趣旨と全く関係なく、しかも別の研修会で V の了解なくスライドが投影されており、採用された手段が目的と必ずしも合致しているものとはいえない。したがって、研修会が 1 日であったこと、目的が正当なものであること、V が明示的に拒否していないことなどを考慮しても、D1 らの行為は、社会通念上正当な職務行為であるとはいえず、V に心理的負荷を過度に負わせる行為であるといわざるを得ず、違法性を有し、不法行為に該当する。

損害額について

・事実経過に照らせば、V において、コスチューム着用とスライド投影等によって精神的苦痛を感じていたことが認められるとしつつ、他方で、クリニックへの愁訴には D1 らの行為以外の会社の V に対する対応への不満も含まれていることなどを考慮し、D1 らの行為によって V がコスチューム着用したことと相当因果関係にある V の精神的苦痛は、20万円と同程度が相当と認められる。

・会社は使用者責任（民法 715 条）を負う。

19. 岡山地判 平 24.4.19（トマト銀行事件）

👆 判例のポイント

・療養復帰直後の受け手に対するパワハラ（精神的な攻撃）の事案について、行為者と会社に対し、慰謝料等 110 万円の支払いを命じた判例

・パワーハラスメントに該当しないとして不法行為責任を否定した言動もかなりある。

・受け手は、業務遂行能力がかなり低く、役席に期待される水準の仕事ができていなかった。

・受け手にとって精神的に負担となるような叱責は、療養復帰直後で後遺症等が存する者に対する場合には、特に精神的に厳しいものと判断されている。

・パワハラから 2 年後に受け手が退職しており、パワハラと退職との相当因果関係は否定した。

ハラスメントの態様等

行為者 D1（支店長代理）・D2（営業本部お客様サポートセンター長）・D3（人事総務部長代理）

受け手 V（大卒後、信金、印刷会社、信組などを経て平成 14 年に 47 歳で入行）

勤務先 銀行

背景等

・V は平成 18 年に脊髄空洞症等に罹患して約 3 か月間入院し、約 2 か月間の自宅療養を経て職場復帰した。

・争点となった言動は、Vの職場復帰後になされたものである。

・病気とその後遺症を患うVが長時間の自動車運転をすることによる交通事故のリスクや、Vの業務遂行能力がかなり低く、出先のトラブルを予防する必要があったことから、Vは渉外係（外勤）から支店融資係（内勤）に異動となり、VはD1支店長の部下となった。

・しかし、Vの事務能力やD1支店長代理との関係、支店の繁忙度などから、Vは約6か月でお客様サポートセンターに異動となり、D2センター長の部下となった。

・更に、Vの事務作業が遅く、周囲の従業員との関係およびVが居眠りをして対策が必要であるとの判断から、約5か月で、業務内容が固定的で残業のない部署であるリスク統括部現金精査室に異動（単身赴任）となった。

・それまでVの後遺症の詳細までは把握していなかった銀行は、現金精査室異動後にVの説明を受けて詳細な病状を把握し、また、Vが身体障害者等級4級と認定されたこともあり、約2.5か月で人事総務部に異動（単身赴任）となり、VはD3部長代理の部下となった。人事総務部には約1年3か月所属した（単身赴任）。

裁判所が認定した支店融資係在籍時のD1支店長代理の言動

①ミスをしたVに対し、「もうええ加減にせえ、ほんま。代弁の一つもまともにできんのんか。辞めてしまえ。足がけ引っ張るな」、「一生懸命しようとしても一緒じゃが、そら、注意しよらんのじゃもん。同じことを何回も何回も。もう、貸付は合わん、やめとかれ。何ほしても貸付は無理じゃ、もう、性格的に合わんのじゃと思う。そら、もう1回外出られとった方がええかもしれん」、「足引っ張るばあすんじゃったら、おらん方がええ」などと言った。

②延滞金の回収ができず、代位弁済の処理もしなかったVに対し、「今まで何回だまされとんで。あほじゃねんかな、もう。普通じゃねえわ。あほうじゃ、そら」、「県信から来た人だって…そら、すごい人もおる。けど、僕はもう県信から来た人っていったら、もう今は係長…だから、僕がペケになったように県信から来た人を僕はもうペケしとるからな」などと言った。

③ミスをしたVに対し、「何をとぼけたこと言いよんだ、早う帰れ言うからできん。冗談言うな」、「鍵を渡してあげるからいつまでもそこ居れ」、「何をバカなことを言わんべ、仕事ができん理由は何なら、時間できん理由は何なら言うたら、早う帰れ言うからできんのじゃて言うたな自分が」などと言った。

④Vに対し、（他人と比較して）Jさん以下だという趣旨の発言をした。

Vが主張したサポートセンター在籍時のD2センター長の言動

⑤Vに対し、仕事が遅いとことあるごとに言った。

⑥債権処理紛失の責任をVに押しつけた。

⑦Vの居眠りについて注意した（Vは多量服薬等で意識が遠のくことがあったなどと主張）。

⑧Vの仕事を取り上げた。

Vが主張した人事総務部在籍時のD3部長代理の言動

⑨Vに対し、どこに行っていたと言うなど、一挙一動について毎日詰められた。

⑩Vに対し、仕事がのろいと言った。

⑪手順を踏まなかったVを叱責するにあたり、「ウソをついた」、「予め見せなかった」などといって物を投げたり、机をけとばしたり、ボール

ペンを机に突き立てたりするなどして威嚇した。

V の退職

・V は、人事総務部に異動した翌年に、不安抑うつ状態により 4 回通院して欠勤するなどし、人事総務部への異動から約 1 年 3 か月後に、辞表を提出して選択定年退職した。

提訴の事情

V の提訴

V は、D1 ら上司のパワハラにより退職を余儀なくされたとして、上司らに対し、不法行為に基づく損害賠償請求をするとともに、銀行に対し、使用者責任とともに、頻回にわたり配転命令を出した安全配慮義務違反（健康管理義務違反）による固有の不法行為責任を主張して、提訴した。

判決の概要

岡山地裁は、D1 支店長代理の言動（①〜④）につき不法行為責任を肯定したが、D2 センター長および D3 部長代理の各言動（⑤〜⑩）についてはパワーハラスメントには該当しないとして不法行為責任を否定した。なお、D1 支店長代理の不法行為と V の退職との間に相当因果関係は認められないとして、退職による損害（逸失利益）の賠償は否定したため、認容額は 150 万円（V の精神的苦痛に対する慰謝料 100 万円＋弁護士費用 10 万円）等となった。

銀行については、使用者責任により D1 支店長と連帯して損害賠償責任を認めた（連帯責任）。

銀行が頻回にわたって配転命令を出したことについての不法行為責任は否定した。

理由

D1 支店長代理の言動①〜④が不法行為に当たるか

・D1 支店長は、ミスをした V に対し、厳しい口調で、辞めてしまえ、J さん以下だなどといった表現を用いて叱責していたことが認められ、それも 1 回限りではなく、頻繁に行っていたと認められる。

・V が「通常に比して仕事が遅く、役席に期待される水準の仕事ができてはいなかったとはいえる」が、「本件で行われたような叱責は、健常者であっても精神的にかなりの負担を負うものであるところ、脊髄空洞症による療養復帰直後であり、かつ、同症状の後遺症等が存する V にとっては、さらに精神的に厳しいものであったと考えられる」し、それについて D1 支店長が全くの無配慮であったことに照らすと、V 自身の問題を踏まえても、D1 支店長の行為はパワーハラスメントに該当するといえる。

D2 センター長の言動が不法行為に当たるか

・⑤は、「当該事実の存在を認めるに足る証拠はない」

　⑥は、「責任を押しつけようとしていたとは考え難い」

　⑦と⑧は、そのような事実は認められず、仮にそのような事実があったとしても、仕事を勤務時間内や期限内に終わらせるようにすることが上司であり会社員である D2 センター長の務めであると考えられることや、本件で D2 センター長の置かれた状況に鑑みれば、多少口調がきつくなったとしても無理からぬことなどから、V の病状を踏まえても、それだけでパワーハラスメントに当たるとはいえない。

D3 部長代理の言動が不法行為に当たるか

・⑨は、一挙一動について毎日詰められたとの事実までは認められず、V

が勤務時間内に勤務場所にいなかったために D3 部長代理が「どこに行っていた」と質問したことは業務遂行上必要な質問であるといえ、「仮に厳しい口調となっていたとしても、これをもってパワーハラスメントとは認められない」

⑩は、1回だけであり、⑪は、D3 部長代理が V を注意する際に V 主張のような行動をとったとは認められないから、注意、指導の限度を超えたものということはできず、パワーハラスメントに該当するとは認められない。

頻回にわたる配転命令が銀行による不法行為に当たるか

・短期間で各部署へ移され、その結果、各部署で不都合が生じたことから次の異動を行ったという場当たり的な対応である感は否めないものの、能力的な制約のある V を含めた従業員全体の職場環境に配慮した結果の対応であり、もとより従業員の配置転換には被用者にある程度広範な裁量が認められていることにも鑑みると、銀行に安全配慮義務違反（健康管理義務違反）があるとして不法行為に問うことは相当ではない。

退職との相当因果関係

・D1 支店長の各行為は不法行為であるが、V が D1 支店長と勤務していたころから V の退職まで2年近くの期間があることからすると、D1 支店長と銀行の行為により V が退職を余儀なくされたとは言い難い（D1 支店長の不法行為と V の退職との間に相当因果関係は認められない）。

20. 大阪高判 平 22.12.17（学校法人兵庫医科大学事件）

☞ 判例のポイント

・大学病院におけるパワハラの事案（精神的な攻撃・過小な要求・人間関係
　からの切り離し）

ハラスメントの態様等

行為者　D（耳鼻咽喉科教授）

受け手　V（医師。耳鼻咽喉科の医局員である助手）

勤務先　大学病院

背景等

・Vは当病院に赴任するまで15年以上、勤務医師等として働き、複数の
　病院で耳鼻咽喉科部長を勤めた。

・Vは、当大学病院の耳鼻咽喉科の教授選において、同科の医局からP助
　教授が推薦されていたにも関わらず、上司であるA前教授に相談する
　ことなく独自に立候補したため、A前教授が激怒し、Vを医学部の学
　生に対する教育担当と当病院における全ての臨床担当から外し、関連病
　院への外部派遣による診療担当を残した。

・教授選ではP助教授が破れてDが耳鼻咽喉科教授に選出され、平成6
　年にDが教授に就任した。

D教授による過小な要求、人間関係からの切り離し

①Vの処遇を継続し、平成6年から10年以上にわたって当病院の臨床担

89

当をさせなかった。

②同様に、10 年以上にわたって教育を担当させなかった。

③ V は、自主的な研究活動は続け、外部派遣を引き続き担当していたところ、平成 8 年ころに A 病院から V の診療態度等についてクレームが寄せられている旨を伝えて A 病院への派遣担当から外した（事実関係を確認したり、クレームの具体的内容を説明したりすることはなかった）。平成 11 年には B 病院への派遣担当からも外し、全ての外部派遣担当から外した（V の弁解を聴取したり、上記クレームの原因となるような言動ないし態度を改めるように指導することはなかった）。

その後

・V は、当大学病院において、自主的な研究活動以外に担当する職務を有しないことになり、D 教授らは、V に対し、当大学病院を離れて他の病院等に転出することを勧め、転出先の病院を具体的に紹介するなどしたが、V はこれに応じなかった。

・V は、大学の理事長が交代した際などに、D 教授らに対し、何度も臨床担当に復帰させてほしい旨要望したが、D 教授らはこれを拒否し続けた。その主な理由は、V が大学病院におけるすべての臨床担当から外された後の平成 10 年ころ、D 教授に対し、他大学の教授選に立候補するためにも臨床を担当させてほしい旨述べたことがあったことから、そのような動機によって臨床に復帰させるのは相当でないというものであった。

・V は平成 16 年に大学の理事長が交代した際に、改めて臨床担当への復帰を要望し、一部復帰した。

提訴の事情

V の提訴

　V は、D 教授から違法な差別的処遇を受けたと主張して、D 教授に対しては不法行為に基づき、大学と大学病院に対しては使用者責任に基づき、連帯して 1500 万円等の支払いを求めて提訴した。

判決の概要

　大阪高裁は、D 教授の行為のうち①と③について不法行為責任を肯定し、D 教授、大学および大学病院に対し、慰謝料 200 万円等の損害賠償を命じた（連帯責任）。

理由

① （大学らは、V は大学病院に勤務する医師としての資質に欠けていたことから、すべての臨床担当から外すことにしたものであり、人事権の行使として著しく不合理であるとはいえない旨主張した）大学らは、V に対する具体的な改善指導を行わず、期限の定めのないまま、V をいわば医師の生命ともいうべきすべての臨床担当から外し、その機会を全く与えない状態で雇用を継続したというものであって、およそ正当な雇用形態ということはできず、差別的な意図に基づく処遇であったものと断定せざるを得ない。

② 大学病院に勤務しているとはいえ、教育に従事することが必要不可欠であるとまではいえない上、教育という性質を考えると、学生に対する教育担当者の適正判断については大学の理念および方針に基づく独自かつ広範な裁量に委ねられるものというべきであるから、教育担当から外されたことが著しく不合理な処遇であったということはできない。

③外部派遣先の病院からのクレームは3件程度にとどまることからする
と、大学病院におけるすべての臨床担当から外さなければならない程度
の事情があったとまでは認めるに足りない。仮に、Vについて深刻な資
質上の問題点が存在したというのであれば、大学らとしては、前述のよ
うな指摘と指導をすべきであって、そのような指摘・指導をすることな
く、すべての外部派遣の担当から外したというのは、職員に対する人事
権の行使として合理的な裁量の範囲を逸脱したものというほかない。

21. 東京地判 平 22.7.27 （日本ファンド（パワハラ）事件）

👆 判例のポイント

- 暴君型の上司によるパワハラ（身体的な攻撃・精神的な攻撃）について、行為者と会社に対し、慰謝料等約95万円などの支払いを命じた判例。
- 暴君型の上司による様々な問題行動がみられる事案である。
- 不法行為に該当する言動と該当しない言動があり、上司による指示・注意等に業務上の必要性・社会通念上の相当性が認められるかの判断の参考になる。

ハラスメントの態様等

| 行為者 | D（事業部長。社長・副社長の直下）

| 受け手 | V1・V2・V3（事業部において債権管理および債権回収業務に従事。V1は第2事業部でD部長の部下であり、その後、第1事業部と第2事業部が統合されてDが事業部長となり、第1事業部にいたV2とV3もD部長の部下となった。）

| 勤務先 | 消費者金融B（A社の関連会社）

背景等

- D部長は、会社が設定した回収目標より高い回収目標を設定した上で、部下がその目標を達成できなかった場合には、他の従業員が多数いる前で、「馬鹿野郎」、「会社を辞めろ」、「給料泥棒」などと言って当該従業員や当該従業員の直属の上司を叱責することがしばしばあった。
- D部長は、部下を自らの席に呼び出して叱責するとともに、その部下の

頭を定規で殴打したり、電卓を投げつけたりしたことがあった

・D 部長は、部下の従業員に対して、回収目標に届かないことについて問いただして、従業員から休日出勤をする旨の言質をとるなどしており、会社には残業や休日出勤に対する手当は存在しなかったにもかかわらず、事業部に所属する従業員においては、早出出勤や残業を行うこと、代休を申請することなく休日出勤を行うことが通常となっていた。

・D 部長は、部下の従業員に対して、業務時間中に、宗教関係の新聞を購読するよう勧誘し、従業員がこれを断ると、従業員を呼び出した上で叱責したり、また、勧誘により同新聞を購読していた部下に対し、同新聞の紙面の内容を理解しているかどうか確認するなどしていた。しかし、V1 や F は D 部長の勧誘を断っていた。

・平成 18 年 3 月、C 部長により別の部門に異動させられた上、D 部長から暗に休日出勤を迫られたり、退職勧告を受けるなどとしていた F が退職した。退職に際して F が関連会社の H 部長に事情を説明した。

・平成 18 年 4 月、会社の就業規則が改定されてパワーハラスメントの禁止の項目が新たに加えられるとともに、「政治あるいは宗教的なビラを会社の物件に貼りあるいは社内で配布し、勤務中に政治的あるいは宗教活動や集会に参加したりしないこと」という規定が加えられるなどした。

・D 部長は、就業規則改訂後に、新聞購読を勧誘した従業員に対して、購読代金を返金した。

・D 部長は、狭心症等の持病による心臓発作に備えて薬を携帯しており、たばこの臭いが心臓病に悪影響を及ぼすとしてたばこの臭いを避けていた。平成 19 年 6 月ころから、D 部長は、喫煙する従業員に対して、たばこ臭いと再三なじったり、たばこをとるか会社をとるかという趣旨の発言をするようになった。

・平成 19 年 7 月、第 1 事業部と第 2 事業部が統合されて事業部となり、第 1 事業部所属だった V2 と V3 が D 部長の部下となった。

D 部長による V1 に対する言動

① （就業規則改訂前）D 部長は、V1 が D 部長の提案した業務遂行方法を行っていないことを知ると、「俺の言うことを聞かないということは懲戒に値する。」と強い口調で叱責し、V1 の上司であった副店長も呼び出した上で、V1 と共に始末書を提出させた。V1 から提出された始末書には、「今後、このようなことがあった場合には、どのような処分を受けても一切異議はございません。」との文言を加筆させた。

② （平成 19 年 6 月）定例会議において、D 部長が各人に意見を求めたので、V1 が、「みんな自分の担当する顧客の回収に必死なのはわかりますが、電話が鳴っても電話をあまりに取らないので、電話に出るよう指導をしてほしい。」旨の意見を述べた。すると D 部長は、激しく怒り出し、V に対し、「お前はやる気がない。なんでここでこんなことを言うんだ。明日から来なくていい。」などと述べた。

D 部長による V1・V2・V3 に対する言動

③事業部の統合に際し、第 2 事業部で用いられていた債権回収方法を行うこととし、第 1 事業部で用いられていた債権回収方法を行わないよう、D 部長が事業部全体に命じた。

D 部長による V2 に対する言動

④ （事業部統合後）V2 が前任者から引き継いだ顧客の 7 年以上前の信用情報（債務不存在）にかかる報告が信用情報機関に行われていなかったことが顧客からの問い合わせにより発覚したところ、D 部長は、V2 を

個室に呼び出した上、「馬鹿野郎」、「給料泥棒」、「責任をとれ」などと申し向けて叱責し、Vの直属の上司であるI次長に対し、「I、てめえこの野郎」、「お前の責任をどうとるんだ馬鹿野郎」などと叱責するとともに、V2に「私の私の職務怠慢により会社にご迷惑をかけてしまいました。」等と記載された念書に「給料をもらっていながら仕事をしていませんでした」と加筆させて、D部長あての書面として作成・提出させた。

・V2は、D部長から雇用契約の更新はしない旨を告げられたが、V2は自分から辞める意思がない旨を述べ、契約は更新されたが、従来の1年単位の更新から3ヶ月単位の更新となった。

D部長によるV3に対する言動

⑤（平成19年11月）D部長は、V3らと共に昼食に出かけた際、V3が風邪を引いてマスクをしていたことについて、「君らの気持ちが怠けているから風邪を引くんだ。」などと発言し、さらに、V3の配偶者に言及して、「よくこんな奴と結婚したな。もの好きもいるもんだな。」と発言した。

⑥従業員の退職に伴って席替えが行われたところ、D部長は、席替えの最中に、「うるさい。」と言いながら立ち上がって、N次長の腹部を拳で殴打し、その直後、その側に立っていたV3の背中に、右腕の肘から先の部分を振り下ろして殴打した。

⑦御用納めの昼食として寿司が出された際に、V3が体質的に寿司が食べられなかったことから別の弁当を食べていたところ、D部長は、「寿司が食えない奴は水でも飲んでろ。」などと発言した。

⑧（平成20年1月）V3を自席に呼びつけて、貸付金の回収額がどうしたらよくなる、よくならないと君らが職を失うだけだ、お前ら言い訳ばっ

かりだ、駄目だったら追い出すからなどと一方的に発言した上で、「お前」などと言いながら、椅子に座った状態から V3 の左膝を右足の足の裏で蹴った。

D部長による V1・V2 に対する言動

⑨（平成 19 年 12 月）D 部長の席から 3m ほどの距離の席だった V1・V2（喫煙者）がたばこ臭いと言って、扇風機 1 台を V1・V2 に直接風が当たる方向に固定して回し始め、D 部長が帰る午後 5 時ころまで回すようになり、数日おきに行われた。更に、扇風機を 3 台にして同様に時々回すようになり、V1 が出社して着席すると「ニコチン臭い奴がやってきた。どうにかしろ。」などと発言した。V2 は平成 20 年 4 月に A 社へ配置転換となったが、その後も V1 に向けた扇風機回しは断続的に続き、平成 20 年 4 月末に V1 が J 次長に身体が持たないかもしれないと訴えたが、J 次長は「マフラーでもしてくれば。」などと言って対応しなかった。V1 は心療内科を受診するようになった。

提訴の事情

会社の対応等

・V1・V2 は、平成 20 年 6 月に A 社の労働組合に加入し、V1 に扇風機の風を当てるのをやめるよう B 社に団体交渉を申し入れた。その後、D 部長は扇風機の向きを上に向けて首振りをしながら回すようになった。
・V1 は心療内科において、抑うつ状態の診断を受け、1 か月間休職するなどした。

V らの提訴

V1・V2・V3 は、D と B 社に対し、不法行為または債務不履行による

損害賠償請求権に基づき、慰謝料等として、連帯して約 200 万円〜300 万円の支払いを求めて提訴した。

判決の概要

　東京地裁は、①②④⑤⑥⑧⑨については不法行為責任を肯定し、③と⑦について不法行為責任を否定した。そして、D1 部長と B 社に対し、V1 に対し約 95 万円（休業損害約 35 万円＋慰謝料 60 万円等）、V2 に対し慰謝料 40 万円等、V3 に対し慰謝料 10 万円等の支払うことを命じた（連帯責任）。

理由

①と②は、V1 による業務を一方的に非難するとともに、V1 に今後の雇用に対する著しい不安を与えたものというべきであり、また、D 部長は従前から、他の従業員が多数いる前で、部下の従業員やその直属の上司を大声で、時には有形力を伴いながら叱責したり、手当なしの残業や休日出勤を行うことを強いるなどして、部下に対し、著しく一方的かつ威圧的な言動を部下に強いることが常態となっており、D 部長の下で働く従業員にとっては、D 部長の言動に強い恐怖心や反発を抱きつつも、D 部長に退職を強要されるかもしれないことを恐れて、それを受忍することを余儀なくされていたという背景事情が認められるから、このような背景事情に照らせば、D 部長による V1 に対する①②の行為は、社会通念上許される業務上の指導を超えて、V1 に過重な心理的負担を与えたものとして、不法行為に該当する。

③は、当該指示は事業部統合にともない債権回収方法を統一するために事業部の次長らと協議の受け行われたものであり、業務上の必要性と相当性が存在したことが認められるから、当該指示に違法性は認められな

い。

④7年以上適切な処理がなされていなかったことに起因する事柄について、V2を執拗に非難し、自己の人格を否定するような文言を謝罪文として書き加えさせたことにより、V2に多大な屈辱感を与えたものというべきであり、前述した背景事情にも照らせば、D部長の行為は、社会通念上許される業務上の指導の範囲を逸脱して、V2に過重な心理的負担を与えたものと認められるから、V2に対する不法行為に該当する。

⑤前述した背景事情に照らせば、V3にとって自らとその配偶者が侮辱されたにもかかわらず何ら反論できないことについて大いに屈辱を感じたと認めることができるところ、当該発言は、昼食時の会話であることを考慮しても、社会通念上許容される範囲を超えて、V3に精神的苦痛を与えたものと認めることができるから、V3に対する不法行為に該当するというべきである。

⑥と⑧は、何ら正当な理由もないまま、その場の怒りにまかせてV3の身体を殴打したものであるから、違法な暴行として不法行為に該当する。

⑦は、言い方にやや穏当さを欠くところがあったとしても、V3の食事の好みを揶揄する趣旨の発言と解するのが相当であって、V3には寿司以外の弁当が用意されていたことも考えると、当該発言が、日常的な会話として社会通念上許容される範囲を逸脱するものとまで認めることはできないから、違法とは認められない。

⑨は、心臓発作を防ぐためたばこの臭いを避けようとしていたことを考慮したとしても、喫煙者であるV1・V2に対する嫌がらせの目的をもって、長期間にわたり執拗に身体に著しい不快感を与え続け、それを受忍することを余儀なくされたV1・V2に対し著しく大きな精神的苦痛を与えたものというべきであるから、V1・V2に対する不法行為に該当する。

22.　東京高判 平 22.1.21 （東京都ほか（警視庁海技職員）事件）

判例のポイント

・同僚や幹部ら署員が受け手を退職するように仕向けて行われた、身体的な攻撃、精神的な攻撃、人間関係からの切り離し、個の侵害といった複数の要素を含むパワハラ事案
・受け手にも多くの問題行動がみられた（勤務態度の不良に改善がみられず不満を抱く同僚が多かった、法規上通用しない言い分を持ち出してこれに固執して指示を拒否した、行為者による有形力の行使を計画的に誘う等）。
・使用者が東京都のため、国家賠償請求事件となっている。

ハラスメントの態様等

行為者　D1（係長）、D2（課長）、D3（課長代理）、D4（副所長）、D5・D6（主任）、D7・D8（主事）、D9（主任）、D10（課長）

受け手　V（水上署舟艇課の海技職員で役職は主事。警備艇常務で、司法警察員・司法巡査としての権限は有しない）

勤務先　警視庁東京水上警察署

背景等

・Vは、水上警察署の海技職員として採用されたが、着任後間もなく、主要な任務である警備艇の操縦に消極的な姿勢を示すなどしたことから、上司の指導を受けるなどしたものの、その勤務態度にはかばかしい改善は見られなかった。また、活動記録表への落書きの内容（「早く次の職を見付けて辞めた～い。（もう警察、都交通局はヤダー）」、「操船は可能

な限りしたくない」、「隅田川ＰＢは、ヤダ・ヤダ・ヤダ・ヤダ・ヤダ」）
等から、Ｖと二人一組での警備艇乗務を嫌がる者が出たほか、Ｖが上司
の指示命令に従わず、職員に必要な「船乗り」としての自覚や誇りに欠
けるところがあるのではないかとして、Ｖの勤務態度に不満を抱く者も
現れ、危険と隣り合わせの勤務である警備艇乗務に最も必要とされる同
僚らとの信頼関係を構築することができないまま推移していた。

・Ｖは、採用から約１年２か月経過後（平成12年６月）から３年半余に
わたり、腰椎椎間板ヘルニアを理由とする病気休暇や分限休職処分によ
り職務から離脱していた（平成12年12月からから分限休職処分とな
り、平成15年12月22日の経過で最長の３年間の分限休職期間が満了
し分限免職処分となる予定であった）。

・平成15年11月上旬に、治癒により出勤可能という診断書が出され、分
限免職処分となる可能性は乏しくなり、休職期間の満了によりＶが復
職する可能性が大きくなった。

同僚・上司による言動

① （復職前：平成15年９月）椎間板ヘルニアが完治した旨の診断書を出
せないという主治医の意見を前提とするとＶが分限免職処分となると
の認識のもと、D2課長およびD3課長代理が、辞職願の作成に応じな
いＶに対し、辞職願を作成することを求める発言をした（Ｖの再就職
のために、分限免職の履歴が残らないようにするとの配慮に基づく）。
Ｖは、当初は辞職願を提出する意向を示したが、主治医に診断の変更を
求めるか、あるいは指定医でない医師に改めて診断を求めたいという、
およそ例規上通用しない言い分を持ち出してこれに固執し、約１時間以
上にわたるやりとりの後、辞職願を作成しない態度に転じた。このため
辞職願を作成しない理由を尋ねても、Ｖは、答えないか、医師の診断を

101

再度受けたい旨の主張に固執し、その挙げ句、理由はないと答えた。このため、D2課長が、堪忍袋の緒が切れてVのネクタイを掴んで引っ張った。ただし、直ちに手を離し、Vはそのまま椅子に座り込んだ。

② D4副署長が、Vに対し、現状では分限免職処分の手続が進むこと、そのため任意退職を勧めていることを説明するなどした。

③ D2課長代理が、試み出勤の準備のために登庁したVに対し、誓約書の作成を求めたところ、Vが文言を変更したいと固執し続けたため（Vが希望する文言とする合理的理由や必要性はなかった）、Vに対し、署長の決裁を受けた文書を自分の判断で変更できないと説明して誓約書の作成を求めた。しかし、Vは拒否した。その翌日に、所長から「試み出勤はしたいが誓約書は書きたくない」との文書の作成を命じられたD2課長が、Vに対し、その趣旨の文書の作成を求めたのに対し、Vが態度を明確にしないまま、無関係な事柄について延々と話を続けた。午前8時20分から午後2時までこう着状態が続き、Vが誓約書作成の姿勢を見せては再びはぐらかしたため、立腹したD2課長が、Vの交際相手の勤務先に電話をし、電話があったことの伝言を依頼した。

④ （④〜⑨は試み出勤中）A4紙の中央にVの顔写真を印刷し、その上に「欠格者」、その下に赤字で「この者とは一緒に勤務したくありません！」、黒字で「A課一同」とそれぞれ印字されたポスターが、A課執務室の出入口正面の壁など複数の個所に掲示された。

⑤ D2課長が、Vがシンナー等有機溶剤に対する接触皮膚炎やアナフィラキシーショックを起こす可能性が高い体質であることを知りながら、部下にシンナーを持ってこさせた上、これをVに示して「いい臭いすんな、ほら、この野郎、来い」などと言った。

⑥ Vのロッカーの中にシンナーが撒かれ、更衣室内全体に強いシンナー臭が漂っており、着替えも困難であることを、VがD1係長とD2課長

に訴えたにもかかわらず、両名は特段の対応をしなかった。

⑦　D2課長が、Vに対し、辞職願を出さなければ、Vをひぼうする記事が週刊誌に掲載される見込みであることを告知し、記事が掲載されたらこれに付せんを付けてVの父親や交際している女性等に送る旨を述べるなどした。

⑧　D2課長が、部下に「シンナー持ってこい。」などと言って液体の入った容器を持ってこさせ、Vに「お前に掛けてやるよ」「嗅いでみろよ」と言った上、Vの目の前で内部の液体を数回撒布するなどした。Vは、D2課長が「アセトン」と書かれた容器を右手に持って振っている写真を撮影し、D4副所長のところに赴いて「課長が部屋にアセトン撒きました」「あんなの劇毒物じゃないですか。」「狂ってますよ、うちの課長」などと発言し、庁舎を出て、アセトンをかけられたと119番通報した（Vは一連のやり取りを録音していた）。

⑨　Vが、D2課長に対して、ポスターの件等について尋ねたが、D2課長は「知らないよ。」等と答えて部屋を立ち去った。するとVが机を叩くなどし、D3課長代理から「何叩いてんだよ。」と言われると「見てわからないですか。」と答えた。その後、D3課長代理が会議に出席しようとして部屋を出ると、Vが「代理しかいないんですよ。お願いします」などと言って付いてきたため、D3課長代理が「座れよ」、「行け、早く」などと言って付いてくるのをやめさせようとしたが、Vが「お願いします。」などと言って付いてきたため、D3課長代理は、Vの左上腕部をつねり、全治2、3日を要する軽度の左上腕部表皮剥離の傷害を負わせた。

⑩　（Vが復職した日）D4副署長が、用意した内容の誓約書の作成を求めたところ、Vが「警察職員としての仕事が出来ないような事があったり、ヘルニアで再び職場の皆さんに迷惑掛けるような事が発生した場合には、職を辞して責任を取るつもりであります。」の部分は書けないな

どと言って拒否し続けたため、「じゃあ、辞めて帰ればいいじゃない
か。懲戒免でもう、退職金も何もなしで」、「おん出すぞこっから、全署
員使って」などと言った。それでも V は用意した内容の誓約書作成に
応じず、V が考える内容の誓約書を作成し、D4 副所長はこれを受領し
た。

⑪ V が警備艇に乗船する際、激しい雨の日でも船内には入れなかった。
また、冬場の V の泊まり勤務の際、V が使用できる暖房器具がないた
め、V が、繰り返し灯油を持ってきてほしいなどの旨を D1 係長に述べ
たにもかかわらず、D1 係長は「死にやいいじゃない」などと発言し、
灯油を手配することを拒絶するなどした。また、D2 課長が「辞めりゃ
いいじゃないか」などと述べた。

⑫ D6 主任が、V が乗船する警備艇の航行中に、同艇の拡声器を用いて
「この船には馬鹿が乗っています」などと発言した。D5 主任が、別の同
様の状況下で「V の税金泥棒、辞めちゃえよ」などと発言した。D9 主
任が、別の日時に、警備艇を接岸させる際に同艇の拡声器を用いて
「アー、アー、アー、本日は晴天なり、本日は晴天なり。税金泥棒、V
税金泥棒、恥を知れ」と発言した。D6 主任が、別の日時に、拡声器を
用いて「税金泥棒」などと 2 回の機会にわたり発言した。

⑬ D6 主任が、更衣室や訓練の一環であるジョギングの際に、V に向かっ
て、幾度か唾を吐き掛けた。

⑭ V が、D10 課長に対し執務環境の改善を訴えていると、D3 課長代理
は、V に対し、V は職場全員から嫌悪されている等と述べて辞職を迫
り、V が更に執務環境の改善を訴えると、火の付いた煙草を V の制服
の胸元めがけて投げた。

⑮ D5 主任が、V と警備艇に乗船した際に、速力を上げて運航中の同艇を
急転舵させたため、V がデッキ上に仰向けに転倒して後頭部を打撲し、

左上肢肘部に挫創を負った。また、D10 課長が、これに関する公務災害に係る書類作成につき、V に書き直しを指示した。

⑯ D3 課長代理が、V の足に向けていすを押し出して V の足に当て、V の襟首を掴んで前に出るなどした（V は、あらかじめ D3 課長代理に向けてビデオ撮影機材をセットして撮影を開始した上で、「くるんじゃねえって言ってんだよ。」等と言って椅子を手に取る D3 代理に向かって進み寄ったり、離れるように言う D3 代理に発言を続けるなどしていた）。

⑰ V が D10 課長と面談した際に持参した診断書が、当初通院していた病院とは別の病院の診断書であり、他覚症状の記載もないものであったため、D10 課長が転院の経緯を尋ねても、V は質問をはぐらかすばかりで転院の経緯を説明しようとしなかった。そこで、D10 課長が、当初の診断書では全治 1 か月の診断となっているのに 3 か月たっても治らないことを指摘して、「仮病じゃねえのか」と言った。これに対し、V は、自分が D3 課長代理らから嫌われていることや Y8 主事らから警備艇の拡声器で「税金泥棒」などと言われたことを繰り返し D10 課長に訴えだした。D10 課長は、着任前の出来事のため V の訴える事実を承知していなかったことから、「お前みたいな税金泥棒が居ることを、本当の事を言っちゃ駄目なのか」などと答えた。また、D10 課長は、別の機会に、D3 課長代理の⑯の行為について V が話した際に、「俺に言わせりゃあんなの暴力じゃないよ」などと述べた。

提訴の事情

V の提訴

V は、D らが V に退職を強要する意図で日常的に暴行や脅迫を含む嫌がらせ等をしたと主張し、D ら個人の損害賠償請求（民法 709 条）と東京

都の国家賠償法1条1項または使用者責任に基づく損害賠償請求をして、合計約1700万円の支払いを求めて提訴した。

判決の概要

東京地裁は①〜⑰までを全体として不法行為を構成するとして約300万円の損害賠償を命じていたが、東京高裁は、④⑤⑥⑦⑪⑫⑬⑭と⑮のD3課長代理の言動についてのみ不法行為責任を肯定して、都に対し、国賠法1条1項に基づく賠償責任として、165万円（慰謝料150万円＋弁護士費用15万円）等の支払いを命じた（国賠事案であるため、Dらは責任を負担しない）。

理由

①は、辞職願を作成することを求める発言については、Vが辞職願の作成に応じないことに対し、Vにとって分限免職処分より辞職願を提出する方が有利であるとの趣旨で行われたものであり、違法とはいえない。D2課長がVのネクタイを掴んで引っ張った行為は、D2課長が行為に至った経緯を全体として考察すると、偶発的に生じた事実であり、その態様、有形力の程度およびその結果に照らしてこれを評価すると、不法行為とはいえない。

②は、Vにとって分限免職処分より辞職願を提出する方が有利であるとの趣旨で行われたものであることが明らかであって、不法行為とはいえない。

③は、D2課長がVに対し誓約書の作成を強要したとみる余地はなく、それ以外の言動も不法行為とはいえない。

④は、ポスターの掲示は、その記載内容および掲示の態様から、客観的にみて、Vの名誉を毀損し、Vを侮辱するものであることは明白であっ

て、本件ポスターの掲示は、試み出勤を経て復職を希望する V に対し、心理的に追いつめて圧力をかけ、辞職せざるを得ないように仕向けて放逐する目的で、V の名誉を毀損し、V を侮辱するために行われたことは明らかであるから、不法行為が成立する。

⑤は、シンナーを用いた嫌がらせを行うことを示して辞職を強要したものであって、不法行為が成立する。

⑥は、庁舎の管理権者およびこれを補助する幹部職員においては、V のロッカーに撒布されたシンナーを除去して、V が残留するシンナーのガスや臭気による健康被害を受けないように配慮して執務環境を良好に保つべき義務を負うところ、④⑤をあわせると、V が辞職するように仕向けるために、執務環境が作為的に悪化されたままにしてシンナーを除去すべき義務を故意に怠ったものと推認することができ、不法行為が成立する

⑦は、V が辞職するように仕向ける意図で、V の名誉に対し害悪を加えることを告知したものであって、これは脅迫に該当し、不法行為が成立する。

⑧は、化学消防車とともに臨場した救急隊員が消防法上の危険物であるアセトンを除去する措置を講じた形跡がなく、アセトン撒布の事実を疑っていること等から、V の主張は前提となる事実を欠き、不法行為はない。

⑨は、つねる行為に至る経緯および行為の結果（全治二、三日を要する軽度の左上腕部表皮剥離）に照らし、これをもって不法行為ということはできない。

⑩は、結局 V は自己の考えるとおりの誓約書を作成し、D4 副署長はそれを受領しているのであるから、D4 副所長の言動は不法行為とはいえない。

⑪は、Vが置かれた状況や、署におけるVに対する退職するように仕向ける行為等の具体的事実を併せ考慮すると、組織の計画的、統一的な意思により、Vの執務環境をわざと劣悪にすることによって退職するように仕向けたものと推認することができ、不法行為が成立する。

⑫は、署におけるVに対する退職するように仕向ける行為等の具体的事実を併せ考慮すると、D6主任、D5主任およびD9主任が、退職するように仕向ける目的で、本来はそのような目的で使用してはならない拡声器を不正に用いてVの名誉を毀損する行為をしたものというべきであって、不法行為が成立する。

⑬は、署におけるVに対する退職するように仕向ける行為等の具体的事実を併せ考慮すると、D6主任は、退職するように仕向ける目的で、Vに対する嫌悪感を示してVの人としての尊厳を否定してVを侮辱する態度を唾を吐き掛けるという下劣な行為で示したものというべきであって、不法行為が成立する。

⑭は、署におけるVに対する退職するように仕向ける行為等の具体的事実を併せ考慮すると、D3課長代理は、退職するように仕向ける目的で、Vに対する嫌悪感を示してVを侮辱したものというべきであって、不法行為が成立する。

⑮は、署におけるVに対する退職するように仕向ける行為等の具体的事実を併せ考慮すると、D5主任は、退職するように仕向ける目的で、Vが乗船している警備艇を急転舵させてVを転倒させてVに傷害を負わせたものと推認することができ、不法行為が成立する。ただし、D10課長の書き直し指示については、不法行為と認めることはできない。

⑯は、Vは、D3課長代理による有形力の行使を映像として記録する目的でD3代理が有形力を行使するように仕組んだ上、有形力の行使を誘発した計画的なものと認められ、D3課長代理がVに行った行為の程度に

照らし、不法行為は成立しない。

⑰の、「仮病じゃねえのか」発言は、V が D10 課長の質問をはぐらかす態
度を示したことから発言したものであり、「お前みたいな税金泥棒が居
ることを、本当の事を言っちゃ駄目なのか」の発言は、V が D10 課長
の質問に答えることなく、D10 課長着任前の出来事の不満を繰り返した
ための応答であり、発言内容に不適切なものも含まれていることは否め
ないものの、これをもって不法行為ということはできない。「俺に言わ
せりゃあんなの暴力じゃないよ」発言も、⑯が不法行為とならない以
上、不法行為は成立しない。

・国賠事案であるため、D らの個人としての不法行為責任は否定され、都
の賠償責任のみが認められる（国賠法の解釈により、公務員個人は責任
を負わないとされている）。

23.　東京地判 平 21.10.15 （医療法人財団健和会事件）

> ## 👌 判例のポイント
> ・パワハラを否定した判例（パワハラは請求棄却）。
> ・試用期間中の解雇無効は認められている。
> ・受け手に多くの業務上のミスがあった。

ハラスメントの態様等

行為者　D1（課長代理）、D2（V の先輩職員）、D3（事務次長）
受け手　V（健康管理室の事務総合職。新入職員）
勤務先　病院

背景等

　　V は、健康管理室の事務総合職として採用されたが、パソコンに関する実務経験がなかったことから、3 か月の試用期間を設け、月に 1 回面接を行うこととされていたが、入職直後から次のような不手際が多かった。

・健康診断問診票の記載内容を、コンピューターに入力する際のミス。
・計測結果の入力ミス。
・受診者の住所入力不備により、検査結果通知が 4 通返戻された。
・ゴム印押印、用紙封入の失念。
・順路案内表の記載ミス。
・聴力検査における左右逆の計測。
・D1 課長代理や D2 が電話中であったり受診者と対応中であっても、

「何をすれば良いですか？」と聞くことがあった。

・病歴整理をする際の整理番号書き間違え。

・病院外ないし病院内よりの電話への対応における不備（相手先・用件メモ等不備）

Vが主張する同僚・上司の言動

①病院（使用者）が健康管理室において、必要な指導・教育を行わないままVを職務に就かせ、業務上の間違いを誘発させたにもかかわらず、Vの責任としてD1課長代理またはD2が叱責した。

②Vを無視して職場で孤立させるなどのいわれなき職場いじめが始まり、同僚らがそれを日常的・継続的に繰り返した。

③D1課長代理またはD2が、第1回面接において、Vに対し、業務中に他の職員から教えられたこと等のメモは自宅で復習し自らの課題を確認することを指示したにもかかわらず、Vがメモを健康管理室の机に入れたまま帰宅して同指示に従っていないことに対する制裁として、メモを入れたVの机に鍵をかけた。

④試用期間中の第1回面接および第2回面接において、D1課長代理およびD2次長が退職を強要した。

⑤Vが病院職員で組織する労働組合に加入したところ、昼の休憩時間の食事中に、D1課長代理が「前に勤めていた大学病院はZ党系で、組合員立ち入り禁止と貼ってあった」、「組合員って、権利、権利言うけど、患者の命を放っておいて、何が権利か」などと発言した。

事業主の対応・提訴の事情等

Vの状況と会社の対応等

・Vの精神状態が悪化するなどし、Vは欠勤し休職届を病院に郵送するな

111

どした。

・病院は、Ｖに対し「事務能力の欠如により、常勤事務としての適性に欠ける」ことを理由に採用を取り消すとの解雇通知を発送した。

Ｖの提訴

　Ｖは、採用取消（解雇）は無効であるとして雇用契約上の地位確認と賃金請求のほか、パワハラ等による安全配慮義務違反または不法行為責任による損害賠償請求をして、提訴した。

判決の概要

　東京地裁は①～④の言動について不法行為の成立を否定し、安全配慮義務違反または不法行為を理由とする損害賠償請求は棄却した。他方で、解雇は無効とし、Ｖの労働契約上の地位を認めた。

理由

①Ｖの業務遂行について病院による教育・指導が不十分であったということはできず、Ｖの事務処理上のミスや事務の不手際は、いずれも、正確性を要請される医療機関においては見過ごせないものであり、これに対するD1課長代理やD2による都度の注意・指導は、必要かつ的確なものというほかない。一般に医療事故は単純ミスがその原因の大きな部分を占めることは顕著な事実であり、そのため、D1課長代理が、Ｖを責任ある常勤スタッフとして育てるため、単純ミスを繰り返すＶに対して、時には厳しい指摘・指導や物言いをしたことが窺われるが、それは生命・健康を預かる職場の管理職が医療現場において当然になすべき業務上の指示の範囲内にとどまるものであり、到底違法ということはできない。

②試用期間中の第1回面接において、D課長代理からVに対して他のスタッフと和気あいあいとやってくれているとの評価がされていること、Vが、看護師から、第1回面接のあった日ほかに病歴室で長い間励まされたことかからすれば、Vを無視して職場で孤立させるようなことが行われていたと認定するのは困難であり、Vの主張を認めるに足りる証拠はない。

③D1課長代理またはD2が意図的にVの机の引出しに鍵をかけたとすることには多大な疑問があるし、仮に制裁として机の鍵をかけた事実があったとしても、メモが入ってはいるが貴重品は入っておらず、Vから錠前屋を呼ぶようにとの要請もなかったことや、Vはメモを見ずとも、入力ミスを指摘されることもなく業務を遂行していることからすれば、不法行為を構成するほどの違法性があるとまではいえない。

④各面接は、Vの勤務態度・勤務成績に対する評価と、Vにさらに頑張るよう伝える内容のものであり、D1課長代理およびD3次長は、Vを退職させる意思も権限も有していなかったのであるから、退職強要をしたとの事実は認めることができない。

⑤D1課長代理が同発言をした前後の経緯が何ら明らかでないために、同発言だけをもってパワハラと認定するには無理があるばかりか、同発言はD1課長代理の経験に基づいた意見を述べているに過ぎないのであって、Vを非難するような内容のものとは解し難く、また、Vの第1回面接および第2回面接並びに日常的な指導について、Vがこれを退職強要またはいじめ・冷遇と捉えていることに対して、D1課長代理が病院業務における職務の厳しさを諭す一例として話した可能性もあり、結局、D1課長代理の発言をもってVに対する不法行為と認定することはできない。

24. 広島高裁松江支判 平 21.5.22
（三洋電機コンシューマエレクトロニクス事件）

👉 判例のポイント

・原審（鳥取地裁）では認められていたパワハラの多くを否定し、慰謝料額を大幅減額した（約 300 万円の判決だったのを約 10 万円とした）。
・受け手に多くの問題行動がみられた。
・試用期間中の解雇無効は認められている。

ハラスメントの態様等

行為者	D1（人事課長）、D2（F ユニット担当部長）
受け手	V（「新準社員」と呼称される契約社員。F ユニット所属、平成 18 年 7 月 11 日より清掃会社に出向）
勤務先	電機メーカー

背景等

・V は、以下のような複数の問題行動を起こしていた。

　イ．女子ロッカールームにおいて「A さんは以前会社のお金を何億も使い込んで、それで今の職に飛ばされたんで、それで D1 課長も迷惑しとるんだよ」などと述べて同僚の A を中傷する発言をした。

　ロ．会社の E 取締役に対し、「F ユニットでサンプルの不正出荷をしている人がいる」、「V に対して会社が辞めさせるように言っている」、「人事担当者が従業員に県外出向を強要している」、「準社員や社員の中には、人事担当者をドスで刺すという発言をしている人がいる」な

どと述べ、従業員の県外出向という会社がとる施策につき、労使間の
ルールを無視して、会社の役員に対し、脅迫的な言辞などを用いて当
該施策を妨害・中止させようとするなどした。

ハ．上司や役員を「くん、ちゃん」付けで呼んだ。

Vが主張するD1課長の言動

① Vのイ．とロ．の問題行動につき注意・指導の必要があると考えたD1
課長が、Vを人事課会議室に呼び出して、他の課長とともに面談を実施
した際、Vが、ふて腐れ、横を向くなどの不遜な態度を取り続けたた
め、D1課長が、腹を立て感情的になり大きな声を出して叱責するなど
し、「いいかげんにしてくれ、本当に。変な正義心か何か知らないけ
ど、何を考えているんだ、本当に。会社が必死になって詰めようとして
いることを何であんたが妨害するんだ、そうやって。裁判所でもどこで
も行ってみい」、「自分は面白半分でやっているかもわからんけど、名誉
毀損の犯罪なんだぞ」、「それから誰彼と知らず電話をかけたり、そうい
う行為は一切これからはやめてくれ。今後そういうことがあったら、会
社としてはもう相当な処分をする」、「あなたは自分のやったことに対し
て、まったく反省の色もない。微塵もないじゃないですか。会社として
はあなたのやった行為に対して、何らかの処分をせざるをえない」、「何
が監督署だ、何が裁判所だ。自分がやっていることを隠しておいて、何
が裁判所だ。とぼけんなよ、本当に。俺は、絶対許さんぞ」などと発言
した。なお、Vは、面談室での会話をD1課長らに秘して録音していた。
②会社が、イ．ロ．の問題行動について注意喚起するために、Vとの契約
更新の際、Vに対して、「新準社員就業規則の懲戒事由に該当する行為
が見受けられた場合は、労使懲戒委員会の決定を受け、譴責以上の懲戒
処分を下す。その処分の内容は、当該事由の程度によって判断するが、

即時懲戒解雇も有り得る。(1)人格および名誉を傷つける言動をした時、(2)会社経営に関する虚偽事実を宣伝流布した時、あるいは誹謗・中傷した時、(3)その他、新準社員就業規則に定める懲戒事由に該当した時」と記載した「覚書」に署名押印を求めた。また、異動発令日に再度同趣旨の覚書に署名押印を求めた。

③ V が出向する直前の待機期間中に、V に通常の業務がないことから、次の職場でもイ.ウ.の問題行動を起こさないために就業規則等の社内規程類の理解を促そうと考えた D2 部長が、V に対し、社内規程類を精読するように指示し、5 日間にわたり会議室で社内規程類を精読させた。

④ D2 部長が、V に清掃業務を主たる目的とする K 社への出向を指示した。

⑤ V の人事評価が「C」であるとして、会社が給与を減額した。

事業主の対応・提訴の事情等

V の状況と会社の対応等

・V の精神状態が悪化するなどし、V は欠勤し休職届を会社に郵送するなどした。

・会社は、V に対し「事務能力の欠如により、常勤事務としての適性に欠ける」ことを理由に採用を取り消すとの解雇通知を発送した。

V の提訴

V は、採用取消（解雇）は無効であるとして雇用契約上の地位確認と賃金支払いを請求し、また、D1 らのパワハラ等が不法行為を構成するとして、D1 課長・D2 部長と会社に対して損害賠償請求をして、提訴した。

判決の概要

原審（鳥取地判 平 20.3.31）は、①以外の言動についても不法行為が成

立するとしてD1らと会社に対して慰謝料300万円の支払いを命じていたが、広島高裁松江支部は、①の言動についてのみ不法行為の成立を肯定し、D1課長と会社に対し、慰謝料10万円の支払いを命じた（連帯責任）。

[理由]

① D1課長が他の課長とともにVと面談に及んだのは、企業の人事担当者が問題行動を起こした従業員に対する適切な注意、指導のために行ったものであって、その目的は正当であるといえるが、「D1課長が、大きな声を出し、Vの人間性を否定するかのような不相当な表現を用いてVを叱責した点については、従業員に対する注意、指導として社会通念上許容される範囲を超えているものであり、Vに対する不法行為を構成する。

慰謝料の額については、VがD1課長に秘して会話を録音しつつ不遜な態度を取り続けたことに誘発されて、D1課長が感情的になって大きな声を出した面があるという経緯などからすれば、相当低額で足りる。

② 会社は、労働契約更新直前の1年間において、Vにはア.とイ.の「問題行動があったことから、注意を喚起する必要があると考えて」、覚書に署名押印を求めたのであり、その記載内容も必ずしも不当であるとはいえず、裁量の範囲内の措置といえるから、会社の行為は不法行為を構成するとはいえない。

③ D2部長がVに対して社内規程類の精読を指示したのは、Vにイ.ウ.といった「職場のモラルや社員としての品位を著しく低下させる行為」が認められたことから、次の職場でも問題を起こさないためにも社内規程類の理解を促す必要があると考え、出向直前の待機期間における指導の一環として行ったものであり、懲罰の意図あるいは退職を促す意図に基づくものとまでは認め難く、社会通念に照らして相当な措置であって、

Ｖに対する不法行為を構成するものであるとはいえない。

④会社がＶに対してＫ社への出向を命じたことは、<u>Ｖを退職させようと</u><u>の意図に基づくものではなく、Ｖの就労先確保のための異動であり、企</u><u>業における人事施策の裁量の範囲内の措置であって、Ｖに対する不法行</u><u>為を構成するものであるとはいえない</u>。

⑤Ｖに対する人事評価は、会社における人事評価制度および労働組合との間で締結した基準に従ったものであるところ、Ｖへの「Ｃ」評価が不当であることを窺わせる事情は見当たらないことからすれば、企業における人事評価の裁量権を逸脱したものであるとはいえず、Ｖに対する不法行為を構成するとはいえない。

25.　高松高判 平 21.4.23 （前田道路事件）

ハラスメントの態様等

行為者　D（S支店工務部長）

受け手　V（S支店T営業所長）

勤務先　土木建築工事請負業

背景等

・Vは、T営業所長に就任した平成15年4月直後から、部下に命じて、VがS支店に報告していた実施計画に近い数字になるように架空出来高の計上等の不正経理を開始した。

・Vは、不正経理開始後約1か月で架空出来高の計上に気づいた上司から是正指示を受けた後も、これを是正することなく漫然と不正経理を続け、平成16年初めころには架空出来高を是正したと報告していたが、実際には是正されておらず、平成16年7月に、架空出来高が約1800万円計上されていることが発覚した。

・このため、D部長が、Vに対し、「去年もやっていて注意していたのに、何やっているんだ」と注意し、Vとその部下のC係長に対し、毎朝日報を書いて報告するよう指導し、D部長が日報を確認して指導した。

D 部長の言動

・平成 16 年 9 月 9 日、日報報告の際に、D 部長が、V に対し、「この成績は何だ。これだけしかやっていないのか。」と叱責した。

・平成 16 年 9 月 10 日の業績検討会では、D 部長が V に対し、「T 営業所には 1800 万から 2000 万近い借金があるんだぞ。」「達成もできない返済計画を作っても業績検討会などにはならない。」、「現時点で既に 1800 万円の過剰計上の操作をしているのに過剰計上が解消できるのか。出来る訳がなかろうが。」、「会社を辞めれば済むと思っているかもしれないが、辞めても楽にはならないぞ。」と叱責した。また、「ここの営業所全員が力を併せていかないと、返せんのだから、無理な数字じゃないから、このぐらいの額だから、今年は皆辛抱の年にして返していこうや。」「全員が力を併せて返していかんと返せんのだから、皆が力を併せて頑張ってやろうや。」と、T 営業所の従業員全員を鼓舞した。

V の自殺

平成 16 年 9 月 13 日、V は T 営業所にて自殺した。遺書には、「怒られるのも　言い訳するのも　つかれました。自分の能力のなさに呆れました。…（部下に）力のない上司で申し訳ない。」等と記載されていた。

提訴の事情

V の遺族による提訴

V の妻と子は、過剰なノルマ達成の強要や執拗な叱責を受けたことなどにより、V が心理的負荷を受けてうつ病を発症し、または増悪させて自殺したと主張して、安全配慮義務違反または不法行為責任による損害賠償請求をして、提訴した。

判決の概要

　原審（松山地判 平 20.7.1）は、約 1800 万円の架空出来高を遅くとも平成 16 年度末までに解消することを目標とする事業改善の指導と D 部長の叱責は、過剰なノルマ達成の強要・執拗な叱責として不法行為が成立し、会社の安全配慮義務違反も認められる等として、合計約 3100 万円の損害賠償を命じていた。

　高松高裁は、D 部長らの不法行為の成立を否定するとともに、会社の安全配慮義務違反の成立も否定し、遺族の請求を棄却した。

理由

・D 部長らからの約 1800 万円の架空出来高を遅くとも平成 16 年度末までに解消することを目標とする事業改善の指導は、T 営業所を取り巻く業務環境に照らすと、必ずしも達成が容易な目標であったとはいい難く、さらに、D 部長の V に対する工事日報の報告と確認・指導の際における強い叱責は認められる。しかし、上司から架空出来高の計上等の是正を図るように指示がされたにもかかわらず、それから 1 年以上が経過した時点においてもその是正がされていなかったことや、T 営業所において必要な工事日報が作成されていなかったことなどを考慮に入れると、上司らが、V に対して、不正経理の解消や工事日報の作成についてある程度の厳しい改善指導をすることは、<u>上司らのなすべき正当な業務の範囲内にあるものというべきであり、社会通念上許容される業務上の指導の範囲を超えた過剰なノルマ達成の強要や執拗な叱責に該当するとは認められない</u>（不法行為に当たらない）。

・D 部長らの行為は不法行為に当たらず、会社にはメンタルヘルス対策の欠如等も認められないから、会社の安全配慮義務違反も認められない。

26.　福井地判 平 21.4.22（Y 病院事件）

👆 判例のポイント

・問題行動がみられた受け手に対する解雇が有効と判断され、パワハラも否
　定された事案

ハラスメントの態様等

行為者	院長・事務長
受け手	V（内科医長）
勤務先	私立病院（財団医療法人Yが運営）

背景等

　Vには以下のような問題行動が見られた。

・Vは、病院の取決めに反し、午前9時とされている外来の診療開始時間
　をしばしば守らなかった。

・Vは、院長に相談することなく保険適応外であるノロウィルスの抗原検
　査を行なった。

・Vは、分掌された血液透析患者の年金に関する書類の作成を相当程度
　怠った。

・Vは、必要な手続きを行なわずにカルテを借り受けたままにした。

・Vは、個人所有の端末機を無許可で病院のインターネット回線に接続し
　た。

・Vは、病院の指示に反して駐車場所を変更しなかった。

Vの解雇

Vには上記のような問題行動が見られたため、YはVを解雇した。

Vが主張するYによるパワハラ

① Vの受持ち患者数を減らした。

② Vよりも医師免許取得が遅く当病院での勤務開始も遅いL医師とVとの人事上の序列を逆転させた。

③ 院長による退職勧奨（Vは退職強要されたと主張した）、Yによる解雇の意思表示直後（解雇の効力発生前）に事務長がVに対し退職金を現金で持参し受領するように求めたこと、Yが解雇の効力発生日以前にVに無断で医師会退会届を作成し医師会に提出したこと。

④ Vが当病院内で使用する部屋のドア上部に防犯カメラを設置したこと（Vは、YがVの行動を監視するためのものであったと主張した）。

⑤ YがVを解雇し、事務長がVの妻に対して解雇予告の電話をすると述べた（Vは事務長の発言を脅迫に当たると主張した）

提訴の事情

Vによる提訴

Vは、Yによる解雇は無効であることと、パワハラおよび不当解雇が不法行為等を構成するとして損害賠償請求をして、提訴した。

判決の概要

福井地裁は、YによるVの解雇については、Vの就業状況が著しく不良で医師としてふさわしくないと認められるから就業規則所定の解雇事由があり、解雇権の濫用にもあたらないとし、パワハラの主張については、①〜⑤の行為は不法行為ないし債務不履行を構成するものとは認められな

いとして、Ｖの請求を棄却した。

[理由]

①Ｙは勤務する医師らにどのように患者を受け持たせるかを決する裁量権を有している。そして、Ｖの受持ち患者数の減少程度は、半減といった著しいものではないし、平成15年頃の減少は、Ｖの異動話が具体的に進められるなかで行なわれたものであり、Ｖの退職に備えるという合理的理由に基づくものであったと認められる。さらに、平成17年の減少は、その年に発生したＶと患者とのトラブルを背景に、患者とのトラブル防止という観点から行なわれたものと認められ、これについても合理的な理由があるということができる。したがって、Ｙに裁量権の逸脱・濫用があったとは認められない。

②使用者の行なう人事上の評価は、それを行なう使用者側に一定の裁量があることが否定できない。そして、Ｖは、医師としての経験年数および当病院における勤務年数においてはＬ医師に優るものの、Ｖには解雇事由と評価できる事情が認められたのに対し、Ｌ医師は、血液透析に係る治療を当病院に本格的に導入し、責任者として同治療の施行と指導にあたるなど評価できる功績があったのであるから、経験年数・勤務年数を踏まえ、これら事情を評価した結果として、ＹがＬ医師を当病院のＫセンターの副センター長に就けて、人事表上もＶとＬ医師の序列を逆転させたことについて裁量権の逸脱・濫用があったとは認められない。

③院長からの退職強要を認めるに足りる証拠はない。退職金持参行為に退職を受け容れて貰いたいとの希望が伏在していたとしても、それ自体が社会的相当性を欠く違法なものとはいえない。医師会退会届の作成・提出は、Ｙの誤解によるものであり、ＹはＶの抗議を受けて退会届を撤回しＶに謝罪しており、Ｖの社会生活に具体的な支障が生じたことも

認められないから、不法行為を構成するものとは認められない。

④Yが Vの行動を監視するために防犯カメラを設置したとは到底認められないし、Vの部屋のドア上部の防犯カメラが映す範囲からすればVに何らかの損害が生じているものとも認められないから、Yによる防犯カメラの設置がVのプライバシー権および人格権を侵害したとは認められない。

⑤本件解雇は有効であるし、事務長の発言にVが立腹したことは肯ける面はあるものの、Vに対する脅迫行為を構成する程度のものとは認められず、パワハラに当たるものとも認められない。

27. 津地判 平 21.2.19 （日本土建事件）

👆 判例のポイント

・入社2か月後に過酷な工事現場の作業所に配属され、極めて長時間に及ぶ違法な時間外労働や休日労働に従事し、上司からパワハラを受けていたことについて、会社に対し、安全配慮義務違反・不法行為による慰謝料等（約150万円）の賠償を命じた判例。

・いわゆる「ブラック」な職場における、支配的な立場の上司による悪質なパワハラ（身体的な攻撃・精神的な攻撃・過大な要求）の事例

事業主の対応

> 行為者　D（指導係の上司）
>
> 受け手　V（土木部の「養成社員」として入社し、現場作業所で業務に従事）
>
> 勤務先　土木建築会社

背景等

・Vは、大学卒業後の平成14年4月に「養成社員」として入社した。養成社員は、総合建設業を営む当該会社の関連子会社の経営者の子らであり、当該会社に社員として就労し、建設業を行うにあたって一人前になるよう養成を受けて4、5年で退職し、その後は父親などが経営する建設会社で跡継ぎとなる者である。

・Vは入社して2か月足らずで現場作業所に配属された。

Dらの言動

① Vに対し、「おまえみたいな者が入ってくるで、M部長がリストラになるんや！」などと、理不尽な言葉を投げつけたり、Vが建設株式会社代表取締役の息子であることについて嫌味を言うなどした。また、新入社員で何も知らないVに対して、こんなこともわからないのかと言って物を投げつけたり、机を蹴飛ばすなどした。

② Vは、昼休みも休むことを許されず、Dから今日中に仕事を片づけておけと命じられ、他の作業員らの終わっていない仕事を押しつけられるなどして、深夜遅くまで残業し、徹夜勤務になることもあった。W所長は、勤務時間中にリフレッシュと称して度々パソコンゲームをしており、Vの仕事を手伝っていた様子はうかがえない。Vが死亡した日の前日も、Vは徹夜でパソコン作業に当たっていたが、他の従業員らはVの仕事を手伝うことはなかった。なお、Vは体重が十数キロも激減し、絶えず睡眠不足の状態になりながら仕事に専念していた一方で、会社は、時間外労働の上限を50時間と定めて、それを超える残業に対しては何らの賃金も支払わず、Vの残業時間も把握していなかった。このため、Vの父がVの残業を軽減するよう会社に申し入れたが、会社は不十分な対応しかしなかった。

③ Vに対し、勤務時間中にガムをズボンに吐きかけたり、測量用の針の付いたポールを投げつけて足を怪我させるなどした。

Vの死亡

　Vは、終業後にDらと飲酒した後、Dらに求められてDらをそれぞれの自宅まで車で送る際に、畑に突っ込み、その先のコンクリート製の住宅土台部分に衝突して頭部顔面脳損傷により死亡した（事故原因は不明）。なお、同乗していたDらも死亡した。

事業主の対応・提訴の事情等

会社の対応

　会社は、本件交通事故がVの飲酒運転が原因であるから会社には一切責任がないと主張した。

Vの遺族による提訴

　Vの両親は、会社に対して安全配慮義務違反または不法行為責任による合計200万円の損害賠償請求をして、提訴した（事故による死亡の損害については賠償請求していない）。

判決の概要

　津地裁は、会社の安全配慮義務違反の責任と不法行為責任を認め、Vの被った肉体的精神的苦痛に対する慰謝料等として合計約150万円の賠償を命じた。

理由

・Vは、入社して2か月間、上司から極めて不当な肉体的精神的苦痛を与えられ続ける過酷な職場環境に置かれていた。このような扱いは、指導、教育からは明らかに逸脱したものである。

・Dら上司の言動について、作業所の責任者であるW所長は何らの対応もとらなかったどころか問題意識さえ持っていなかったことが認められ、その結果、会社は何らVに対する上司の嫌がらせを解消するべき措置をとっておらず、このような会社の対応は、Vとの関係で、職場内の人権侵害が生じないように配慮する義務（パワーハラスメント防止義務）としての安全配慮義務に違反しているというほかない。また、このよう

な会社の対応は、不法行為を構成するほどの違法な行為でもあると言わざるを得ない。

・Ｖが、入社直後からあまりに過酷な時間外労働を、それに見合った割増賃金を支給されることもなく恒常的に強いられ、その上、養成社員という立場であったことからおよそ不平不満を漏らすことができない状況にある中で、上司からさまざまな嫌がらせを受け、肉体的にも精神的にも相当追いつめられていたなかで本件交通事故が発生したことからすれば、Ｖの両親が、本件交通事故がＶの飲酒運転が原因であるから会社には一切責任がないとする会社の態度に憤慨するのも至極当然である。すなわち、このことは、それだけ、Ｖが強いられてきた時間外労働があまりに過酷で度を超したものであり、上司から受けたさまざまな嫌がらせが極めて大きな肉体的精神的苦痛を与えていたと考えられるほど、違法性の高いものであったことのあらわれである。

28. 名古屋高判 平 20.1.29
（ファーストリテイリングほか（ユニクロ店舗）事件）

👆 判例のポイント

- 身体的な攻撃と精神的な攻撃のパワハラにより受け手が長期休職した事案について、行為者と会社に対し、慰謝料等約 224 万円の賠償を命じた判例
- 算定された損害額は休業損害約 1904 万円と慰謝料 500 万円と大きいが、受け手の障害の発生等には受け手の性格的傾向による影響が大きいとして 6 割の素因減額がなされ、また労災保険の休業補償給付金も受けているため損害額から控除されたため、判決が認容した損害額は約 204 万円となった。
- 受け手の性格傾向も影響して会社担当者との折衝がもつれ、事態が悪化してしまったといえる。

ハラスメントの態様等

行為者	D（店長。平成 7 年 4 月入社）・E（管理部長）
受け手	V（店長代行。平成 9 年 3 月入社）
勤務先	衣料品販売業等を営む会社の店舗

背景等

- D 店長は、V が通常よりも店長資格を取得するのが遅れていたこともあり、V に対し、日頃から他の従業員よりも厳しく接していた。
- 平成 10 年 11 月、V は、従業員間の連絡事項等を記載する「店舗運営日誌」に、「店長へ」として、前日の陳列商品の整理、売上金の入金などに関する店長としての監督責任を含めた D 店長の仕事上の不備を指摘

する記載をし、その横に「処理しておきましたが、どういうことです
か？反省してください。V」と書き添えた。
・上記記載を見たD店長は、Vにさらし者にされたと感じ、Vを休憩室
に呼びつけ「これ、どういうこと」、「感情的になっていただけやろ」な
どと説明を求めた。これに対してVは「事実を書いただけです」「感情
的になっていない。2回目でしょう」と答えた上、右手を握りしめ殴る
ような仕草を見せたD店長に対し「2回目でしょう。どうしようもない
人だ」と言い、鼻で笑う態度を示した。

D店長の言動

①上記Vの態度に激昂したD店長は、Vの胸倉を掴み、背部を板壁に3
回ほど打ちつけた上、側にあったロッカーにVの頭部や背部を3回ほ
ど打ちつけた後、謝罪を求めるVに対し謝る素振りをしながら顔面に1
回頭突きをし、口論の後Vが退去しようとしたところ、さらに「まだ、
話は終わっていない」と言いながら、Vの首のあたりを両手で掴み板壁
に頭部、背中等を1回打ちつけるなどした。

上司Fの言動

②検査のため入院したVを訪問した上司Fは、D店長を病院に呼び出し
て経緯を聴取し、談話スペースで、上司Fの立会いのもとVとD店長
を面談させ、D店長は何度も謝罪したが、Vは取り合わなかった。上司
Fは、D店長の将来もあるので、警察に届け出ないでほしい旨を述べた
が、Vは警察に届け出る旨を答えた。なお、上司Fは、治療費はD店
長に請求するようにと述べた。

その後のVの行動

・Vは実家に帰省し、気分が悪いと訴えて脳外科や整形外科を受診し、入

院を希望したが、検査の結果、異常は見られないものの「頸部挫傷」で約4週間の加療を要する旨の診断が出た。その後もVは吐き気、めまいなどを訴えて通院を続け、入院を希望したが、異常は認められなかったため入院に至らなかった。Vは療養による欠勤を続けた。

・平成10年12月、Vは警察に被害届を出し、労基署に療養補償給付申請をした。

会社の対応

・会社は、Vの療養中、給与全額分を支給することとし、労務担当社員が、Vに対し、この支給を継続するためには毎月1回診断書を提出する必要があるとして、口頭ないし書面により再三診断書の提出を求めたが、Vはこの求めに応じないでいた。そこで会社は、平成11年3月分からの給与全額分の支給を停止した。

・Vは、平成11年5月に精神科を受診し、「神経症」の診断書を得てY社に提出した。

③労務担当社員は、Vに書面を送付し、上記診断書では疾病と本件事件の因果関係が判断できない、因果関係についての記載がある診断書が確認できるまで給与の支払いはできない、因果関係の記載がある診断書の提出がなく、正当な理由なき無断欠勤が続く場合には、退社したものとみなさざるを得ず、もしくは懲戒解雇を検討せざるを得ない、本社に出社の上、これまでの状況の説明を求める、事件当時勤務していた店舗の任務を解くので、店舗近くの社宅を1週間以内に明け渡してもらいたいという旨をVに伝えた。

Vの行動

・上記書面を受け取ったVは、蕁麻疹を呈し、救急車にて病院に搬送さ

れ、精神的要因による蕁麻疹と診断された。さらにVは、精神科を受診し「外傷後ストレス障害（神経症）」により引き続き2か月間の休養加療を要する旨付記した診断書を得て、診断書をY社に送付した。

会社の対応

④労務担当社員から引き継いだE管理部長は、Vに電話して診断書の提出および面談を求めるとともに、それに応じられないなら労災の休業補償に切り替える必要がある旨申し向けたが、Vはこれに応じなかった。

・E管理部長はVに書面を送付し、労災の休業補償に切り替えるよう求め、電話でその意向を確認したところ、Vが応じる旨回答したので、Y社が医療機関関係者からVの治療に係る記録の提供や説明を受けることを同意する旨の同意書の提出を求めたが、Vは、その後4か月以上にわたり、同意書を提出しなかった。

E管理部長の言動

⑤平成13年7月、VがE管理部部長に電話し、会社内における上記事件の報告書の開示などを求めたところ、2時間以上に及ぶ会話の中で、E管理部長がVに対し、「いいかげんにせいよ、お前。おー、何考えてるんかこりゃあ。ぶち殺そうかお前。調子に乗るなよ、お前」などと声を荒げながら申し向けた。Vは電話の直後に気分が悪くなり、救急車で病院に搬送された。

提訴の事情

Vによる提訴

Vは、D店長および会社に対して、不法行為による損害賠償請求をして、提訴した。

判決の概要

　名古屋高裁は、①と⑤についてD部長の不法行為責任を認め、D部長と会社に対し、約224万円（慰謝料約204万円＋弁護士費用20万円）の賠償を命じた（連帯責任）。

理由

①D店長による暴行の違法性は明らかである。

②（Vは、上司Fが「本件事件は労災には該当しない。」「本件事件を警察へ通報しないように命令する」と述べたと主張するが）上司Fがそのように述べたとまでは認めがたく、本件事件を警察へ通報しないように要請すると共に、治療費はD店長に請求するように述べたとしても、会社の担当者として必ずしも不当な処置であるとは言い難く、それがVの病状を悪化させた可能性は否定できないものの、不法行為を構成するとはいえない。

③会社から再三にわたり社内手続に必要な診断書の提出を求めたのにVがこれに応じなかったなどの経緯からすれば、③がVの病状を悪化させた可能性は否定できないものの、労務担当社員の行為が不法行為を構成するとはいえない。

④会社が診断書等を求めたのは、給与の支給継続の判断や雇用関係を維持するか否かを検討するためには、Vの病状を客観的に把握する必要があったのに、Vが適時に診断書を送付せず、十分な説明もせず、同意書の提出も遅れるなどしたためであり、会社の行動は、雇用主として社会的に相当な行為である。また、E管理部長らが面談を求めるなどしたのは、長期休職者と定期的に連絡を取り、その現況や病状、会社への復帰の意思などを確認するためであり違法と評価すべきものではない。

⑤E管理部長の電話での暴言については、声を荒げながらVの生命、身体に対して害悪を加える趣旨を含むものであること等から、本件発言は違法であって、不法行為を構成する。

・①と⑤は共同不法行為（民法719条）にあたり、D店長はE管理部長と連帯して責任を負う。

・①と⑤によりVがPTSDに罹患したとは認め難いが、Vは、几帳面で気が強く、正義感が強く不正を見過ごすことができず、不当な事柄に対して憤り、論理的に相手を問いつめるという性格傾向を有していたところ、日頃から厳しくあたられていたD店長から暴行を受けたこと、その後の休職に関する会社担当者との折衝のもつれを通じ、担当者ひいては会社自体に対して、次第に、忌避感、不安感、嫌悪感を感じるようになり、E管理部長の発言を受けたこと等により、会社がVに危害を加えようとしているという類の被害妄想を焦点とする妄想性障害に罹患したものと認めるのが相当である。

・損害額は休業損害約1904万円と慰謝料500万円等が相当であるが、Vの障害の発生およびその持続には、Vの性格傾向による影響が大きいと認められるので、6割の素因減額（60％を減額）をする（素因減額後の損害額は休業損害約761万円＋慰謝料約204万円）。またVは労災保険の休業補償給付金約1038万円を受けているので、休業損害から控除し（全額控除となる）、損害額は約204万円となる。

29. 名古屋高判 平 19.10.31 （名古屋南労基署長（中部電力）事件）

> ### 🖐️判例のポイント
> ・労災認定に関する事案（パワハラや長時間労働によるうつ病罹患と自殺を
> 　労災認定した）
> ・暴君型の上司の言動が、違法なパワハラにあたると認定されている。

ハラスメントの態様等

行為者 | D（課長）

受け手 | V（工業高校卒で入社後現場技術職だったが、入社約16年目に
　　　　　デスクワーク中心の業務に異動し、入社約18年で主任に昇格）

背景等

・D課長は、現場経験が豊富で業務に精通していたが、日頃から大声、き
　つい口調であり、他の課員に聞こえる状況で課員を指導することがあ
　り、自分の思うように動かない課員に対して特に厳しく対応し、好き嫌
　いで指導時の口調に強弱があると受け取る課員もいた。
・D課長から厳しく指導され、口問答の末、他の課への転出を希望し、不
　眠等で軽いうつ病と診断され投薬治療を受けた副長がいた。
・D課長は、Vを、他の主任に比べ、仕事が遅く、動きが悪いと評価して
　いた。

D課長の言動

① Vの主任昇格に際し、主任としての心構えの書面の作成・提出を命じ、

書き直しまで命じて V が能力において不足することを明記させ、昇格後の担当業務につき全面的に責任を負う内容の文章を作成させた。

② D 課長が、V に対し、他の課員にも聞こえる場で「君は主任失格だ」「おまえなんか、いてもいなくても同じだ」と叱責することがあった。このような発言は、1 回的なものではなく、主任昇格後から V の死亡直前まで継続して行われていた。

③ D 課長が、結婚指輪を身に着けることが仕事に対する集中力低下の原因となるという独自の見解に基づいて、V に対してのみ、結婚指輪を外すよう命じた。これも 1 回的なものではなく、主任昇格後から V の死亡直前まで複数回命じていた。V は特に不快感は表明しなかった。

④ V の業務が量的・内容的に過大になり、上司等の支援協力体制も不十分で、時間外・休日労働の時間が、8 月約 86 時間半、9 月約 94 時間、10 月約 117 時間、11 月（7 日分）約 40 時間に及んだ。

V の自殺

V は、9 月下旬にはうつ病に罹患したことが明らかな状態となり（うつ病の診断はない）、11 月 8 日 6 時に自家用車で自宅を出るも、途中で休暇を取る旨連絡して欠勤し、同日午後 1 時半ころ、車内でガソリンをまいて焼身自殺した。

提訴の事情等

遺族による提訴

・V の妻が遺族補償年金等の支給請求をしたのに対し、労基署長が、A の死亡は業務に起因するものではないとして不支給処分としたため、妻がその取消を求めて提訴した。

137

判決の概要

　名古屋高裁は、①～④による心理的負担が社会通念上、うつ病を発生させるに足りる危険性を有するものであったと認められるから、Ｖの業務とうつ病の発症との間には相当因果関係が認められ、うつ病発症と自殺との間の相当因果関係も認められるとして、労基署長による不支給処分を取り消した。

理由

・言動②は、指導の範疇をこえた感情的な叱責であって、他の課員にも聞こえる場でこのような叱責が行われるのであれば、その指導は人格の否定とも見るべきである。
・言動①②③は、何ら合理的理由のない、単なる厳しい指導の範疇を超えた、いわゆるパワーハラスメントとも評価されるものである。
・言動③について、Ｖが明白に不快感を表明しなかったからといって、心理的負荷が軽いとは判断することができないことは言うまでもない。
・④について、仕事の量・内容の大きな変化による長時間労働がうつ病発症・進行の大きな原因となったと考えられる。

30.　東京高判 平 17.4.20 （A 保険会社上司（損害賠償）事件）

判例のポイント

・CC メールによる名誉毀損行為のパワハラの事案（精神的攻撃）で、行為者に対し、慰謝料 5 万円の支払いを命じた判例。

ハラスメントの態様等

行為者	D（サービスセンター所長）
受け手	V（総合職として入社し、入社約 24 年で希望により給与が 2/3 になるエリア総合職に転換して、サービスセンターの 1 ユニットで課長代理として保険支払事務に従事）
勤務先	損害保険会社

背景等

・上司の D 所長は、V には業務に対する熱意が感じられず、エリア総合職の課長代理という立場であるにもかかわらず、実績を挙げないことが、他の従業員の不満の原因になっていると考えていた。

・V の上司であるユニットリーダー F は、サービスセンター（SC）の V を含むユニットの従業員と上司である D 所長にあてて、「V 課長代理もっと出力を」と題し、「現在　DO キャリーアウト（※未払保険事故件数の削減を目的とした取り組み）のまっただ中ですが、V 課長代理全くの出力不足です。…支払合計件数 1 件で、叱咤激励しましたが、本日現在搭乗 10 件・人傷 0 件と、所長代理として全く出力不足といわざるを得ません。ペンディングも増える一方です。本日中に、全件洗い替え

をし下記Ｆへ報告のこと。全件の経過管理（どうなっているのか）を
して、どれが払えてどれが何故持ち越すのかを、記入のこと。」という
趣旨の記載をした電子メールを送信した。

D 所長の言動

　Ｖへの指導を行うとともに、上記メールの内容を支持することを表明す
る必要があると判断し、上記メールに返信して、電子メールをＶおよび
Ｆリーダーを含む同じユニットの従業員十数名に送信した。次の記載は、
赤文字で、ポイントの大きな文字であった。

1. 意欲がない、やる気がないなら、会社を辞めるべきだと思います。当
   SCにとっても、会社にとっても損失そのものです。あなたの給料で業
   務職が何人雇えると思いますか。あなたの仕事なら業務職でも数倍の業
   績を挙げますよ。本日現在、搭乗10件処理。Ｃさんは17件。業務審査
   といい、これ以上、当SCに迷惑をかけないで下さい。
2. 未だに始末書と「～～病院」出向の報告（私病？調査？）がありま
   せんが、業務命令を無視したり、業務時間中に勝手に業務から離れると
   どういうことになるか承知していますね。
3. 本日、半休を取ることを何故ユニット全員に事前に伝えないのです
   か。必ず伝えるように言ったはずです。我々の仕事は、チームで回って
   いるんですよ。」

提訴の事情

V による提訴

　V は、D 所長に対して、不法行為による損害賠償 100 万円を請求して、提訴した。

判決の概要

　原審（東京地裁 平 16.12.1）は請求を棄却していたが、東京高裁は、D 所長に慰謝料 5 万円の支払いを命じた。

理由

・「本件メールの内容は、職場の上司である D 所長がエリア総合職で課長代理の地位にある V に対し、その地位に見合った処理件数に到達するよう叱咤督促する趣旨であることがうかがえないわけではなく、その目的は是認することができる。

・しかし、「本件メール中には、『やる気がないなら、会社を辞めるべきだと思います。当 SC にとっても、会社にとっても損失そのものです。』という、退職勧告とも、会社にとって不必要な人間であるとも受け取られるおそれのある表現が盛り込まれており、これが V 本人のみならず同じ職場の従業員十数名にも送信されている」ところ、その表現においては「『あなたの給料で業務職が何人雇えると思いますか。あなたの仕事なら業務職でも数倍の実績を挙げますよ。……これ以上、当 SC に迷惑をかけないで下さい。』という、それ自体は正鵠を得ている面がないではないにしても、人の気持ちを逆撫でする侮辱的言辞と受け取られても仕方のない記載などの他の部分ともあいまって、V の名誉感情をいたずらに毀損するものであることは明らかであり、上記送信目的が正当で

あったとしても、その表現において許容限度を超え、著しく相当性を欠くものであって、Vに対する不法行為を構成するというべきである。

・本件メール送信の目的、表現方法、送信範囲等を総合すると、D所長の本件不法行為（名誉毀損行為）によるVの精神的苦痛を慰謝するための金額としては、5万円をもってすることが相当である。

31. さいたま地判 平 16.9.24（誠昇会北本共済病院事件）

🖐 判例のポイント

- 男性労働者が少数という閉鎖的な職場環境における先輩らによる 3 年近くに及ぶ暴力を含む極めて悪質な「いじめ」により、受け手が自殺した事案（身体的な攻撃・精神的な攻撃・過大な要求・個の侵害）について、行為者に対して約 1000 万円、会社に対して約 500 万円の損害賠償責任を認めた判例。

- 使用者は、労働者に対する安全配慮義務として、職場の上司および同僚からのいじめ行為を防止して、労働者の生命および身体を危険から保護する安全配慮義務を負担していると明言した。

- 平成 16 年時点の判決であることに注意するべきである。すなわち、本判決は、行為者に対して、自殺の慰謝料として 1000 万円の支払いを命じているが、現在の裁判であれば、逸失利益も損害に含めた請求になるだろうし、死亡による慰謝料額も 2000 万円程度認められる可能性があるから、数千万円の賠償額になる可能性がある（他の自殺の裁判例を参照）。また、本判決は、使用者が自殺を予見できなかった等として使用者の自殺についての損害賠償責任を否定しているが、現在では、企業のパワハラ対策の責務は社会的に明確になっており、法整備も進んでいること（労働施策総合推進法の改正等）、パワハラによる自殺についての企業の賠償責任を認める裁判例も複数出ていることから、パワハラによる自殺を企業が予見できなかったとするのは難しくなっていると考えるべきである。

ハラスメントの態様等

行為者　　D（V の先輩である男性准看護士。V の自殺当時 27 歳）

受け手　V（男性准看護士。自殺当時21歳）
勤務先　私立病院（医療法人）

背景等

・Vは、平成11年4月に当病院に就職し、看護助手として勤務しながら、当病院から奨学金を得て准看護学校に通学・卒業し、准看護士の資格を得た。さらに、平成13年4月からは、准看護士として当病院に勤務しながら、当病院から奨学金を得て高等看護学校に通学していた。

・Dは、准看護学校を卒業していたが、看護学校の進学には失敗し、看護士の資格を有していなかった。Dは、外来部門の准看護士として勤務しながら、平成13年5月、物品設備部門の責任者として管理課長の肩書きを得たが、物品設備部門に所属する部下はなく、主に看護学生に仕事を手伝わせていた。

・当病院における男性看護師はDとVを含めて5名であり、Dが一番上の先輩で、Vが一番下の後輩である。

・当病院は男性看護師のみの独自な付き合いがあり、体育会系の先輩後輩の関係と同じく、先輩の言動は絶対的なものであり、一番先輩であるDが権力を握り、後輩を服従させる関係が続いていた。

・VはDほかの先輩男性看護師らから、Vの意思に反した種々の強要を始めとするいじめを受けた。Vが高等看護学校に入学してから、Vに対するいじめは一層激しくなった。

・Vは、仕事上一定のミスをするなどはあったが、目立った問題行動はなかった。

Dら先輩の言動

①Dのために、Vに遠方まで名物の柏餅を買いに行かせたり、深夜に病

院で使用する特殊な電池を探しに行かせたりした。／Dの肩もみをさせた。／Dの家の掃除をさせた。／Dの車を洗車させた。／Dの長男の世話をさせた。／Dが風俗店へ行く際の送迎をさせ、Vは駐車場で待たされた。／Dが他病院の医師の引き抜きのためスナックに行く際に送迎をさせた。／Dがパチンコをするため、勤務時間中のVに開店前のパチンコ屋での順番待ちをさせた。／Dが購入したい馬券を購入しに行かせた。／Vが通う高等看護学校の女性を紹介するよう命じてVを困らせた。／ウーロン茶1缶を3000円で買わせた。／Dの遊びに付き合うため、Vに金銭的負担を強いた。／職員旅行の際に必要な飲み物等の費用（約88,000円）をVに負担させた。／Vに対してのみ、介護老人施設作りに関する署名活動をさせた。／Vが勤務時間外に交際相手と会おうとすると、Dからの電話で、仕事を理由に病院に呼び戻すことが何度かあった（例えば、日曜日にお台場でデートをしていると、Dはそのことを知りながらVを病院に呼出し、Vが病院に到着してもDは病院にいなかった）。／勝手にVの携帯電話を覗き、Vの交際相手にメールを送信した。

②社員旅行の懇親会2次会後に、Vに好意を持っている事務職の女性とVを2人きりにして、Vと女性に性的な行為をさせて、それを撮影しようと企てた。Vと女性の部屋の周りには職員が集まり、部屋の中を覗き、Dはカメラを持って押入れに隠れた。Vは焼酎のストレートを一気飲みし、急性アルコール中毒になり、無呼吸状態でチアノーゼがあらわれ、病院で点滴を受けた。

③15名程度集まった看護師の忘年会で、DらがVに対し、Vが急性アルコール中毒になった際の話題になると、「あのとき死んじゃえばよかったんだよ。馬鹿。」「専務にばれていたら俺たちどうなっていたか分からないよ。」などと発言し、Vが何か言うと、「うるせえよ。死ねよ。」と

言い返した。それ以降、Ｄらは、病院での仕事中においても、Ｖに対し、何かあると「死ねよ。」という言葉を使うようになった。

④ＤがＶに対し、他の先輩の名義で「君のアフターは俺らのためにある」との内容のメールを送った。／同じ頃、ＤがＶに対し、「殺す」という文言を含んだメールを送った。

⑤Ｄ・先輩・Ｖら４名でＶの交際相手がアルバイトをしていたカラオケ店に行き、アルバイトを終えた交際相手が同席するなかで、Ｖに対し、コロッケを口でキャッチするようにと投げつけた。／交際相手の前で、社員旅行でのＶと女性事務職の件を話し、「僕たちは酔っぱらってこいつに死ね死ねと言ってましたね。僕は今でもこいつが死ねば良かったと思ってますよ。」などと話した。／Ｖに対し、眼鏡をかけていない目を見ると死人の目を見ているようで気分が悪いから眼鏡をかけるように言うなどした。／Ｄらより先に交際相手とカラオケ店を出たＶに電話をし、カラオケ店に戻ってＤらを車で送迎するよう強要した。

⑥Ｖが仕事でミスをすると、Ｄらは乱暴な言葉を使ったり手を出したりすることがあり、ＤはＶに対し、「バカ田。何やっているんだよ。お前がだめだから俺が苦労するんだよ。」などと発言することがあった。／Ｖが空になった血液検査を出すというミスをしたときは、ＤがＶをしつこく叱責し、その日の当病院における外来会議において、空の検体を出すなどＶの様子がおかしいことが話題になると、Ｄは、Ｖにやる気がない、覚える気がないなどとＶを非難した。

Ｖの自殺

・平成14年１月、Ｖは交際相手に、最近、看護婦にまで見捨てられてて本当にやばいんだよなどと言って涙ぐみ、「もし、俺が死んだら、されていたことを全部話してくれよな。」と言った。交際相手が病院を辞め

てしまえばよいと話すと、Ｖは、Ｄが怖くてそんなことはできないと答
えた。

・平成 14 年 1 月 23 日、Ｖが珍しく交際相手のアルバイト先のカラオケ店
に会いに来たが、会いに来た理由を特に話さなかった。

・翌日、Ｖは休日であったが、ＤがＶに電話して物品がない等とＶの仕
事上のミスを怒り、Ｖは夕方に電話をすると言って電話を切り、夕方、
Ｖは自宅の 2 階で電気コードで首を吊って自殺した。

提訴の事情

Ｖの遺族による提訴

　Ｖの父母は、Ｄと病院に対して、不法行為による損害賠償として、合計
3600 万円を請求して、提訴した。

判決の概要

　さいたま地裁は、Ｄに対しては合計約 1000 万円の損害賠償責任（いじ
めとそれにより自殺したことによりＶが被った精神的苦痛の慰謝料）、病
院に対しては合計約 500 万円の損害賠償責任（いじめを防止できなかった
ことによりＶが被った精神的損害の慰謝料）を認めた（500 万円の範囲で
Ｄと病院が連帯責任）。

理由

・Ｄは、自らまたは他の男性看護師を通じて、Ｖに対し、冷かし・からか
い、嘲笑・悪口、他人の前で恥辱・屈辱を与える、たたくなどの暴力等
の違法ないじめを行ったものと認められるから、Ｄには、不法行為責任
がある。

・ＤらのＶに対する言動が、悪ふざけや職場の先輩のちょっと度を超し

た言動であったと認めることは到底できない。

・**病院の責任について**　病院は、Ｖに対し、雇用契約に基づき、信義則上、労務を提供する過程において、Ｖの生命および身体を危険から保護するように安全配慮義務を尽くす債務を負担していた。具体的には、職場の上司および同僚からのいじめ行為を防止して、Ｖの生命および身体を危険から保護する安全配慮義務を負担していたと認められる。病院は、ＤらのＶに対するいじめを認識することが可能であったにもかかわらず、これを認識していじめを防止する措置を採らなかった安全配慮義務違反の債務不履行があったと認めることができる。

・**自殺についての損害賠償責任について**　ＶはＤらのいじめを原因に自殺をした、すなわち、ＤらのいじめとＶの自殺との間には事実的因果関係があると認めるのが相当である。しかし、いじめによる結果が必然的に自殺に結びつくものでないことも経験則上明らかであるから、いじめを原因とする自殺による死亡は、特別損害として予見可能性のある場合に、損害賠償義務者は、死亡との結果について損害賠償義務を負うと解すべきである。そして、Ｄについては、ＤらのＶに対するいじめは、長期間にわたり、しつように行われていたこと、Ｖに対して「死ねよ。」との言葉が浴びせられていたこと、Ｄは、Ｖの勤務状態・心身の状況を認識していたことなどに照らせば、Ｄは、Ｖが自殺を図るかもしれないことを予見することは可能であったと認めるのが相当である（ＤはＶの自殺についても損害賠償責任を負う）。これに対して病院については、Ｄらの行った本件いじめの内容やその深刻さを具体的に認識していたとは認められないし、Ｖが自殺するかもしれないことについて予見可能であったとまでは認めがたい（病院はＤらのいじめを防止できなかったことによってＶが被った損害について賠償する責任はあるが、Ｖが死亡したことによる損害については賠償責任がない）。

32.　東京高判 平 15.3.25 （川崎市水道局（いじめ自殺）事件）

👆 判例のポイント

・閉鎖的な職場における上司による悪質な「いじめ」（精神的な攻撃）と、同
　僚間での口裏合わせによって受け手の訴えが握りつぶされたことなどによ
　り、受け手の自殺に至った事例で、市に対し、約 2350 万円の支払いを命
　じた判例。
・使用者（市）の安全配慮義務違反により、市の自殺に対する損害賠償責任
　が認められている。
・調査担当者は、相談者に対する事情聴取を実施せず、しかも行為者自身に
　調査を指示するという不適切な事実調査を行ったうえで、いじめがなかっ
　たと判断してしまっている。
・使用者が市のため、国家賠償法 1 条 1 項の責任の問題となっている。

ハラスメントの態様等

　行為者　D1（工業用水課課長）・D2（同課事務係係長）・D3（同課事務係
　　　　　主査）
　受け手　V（市職員。昭和 63 年採用、平成 7 年 5 月に工業用水課に異動
　　　　　し配管工事員として勤務。平成 9 年 3 月に自殺）
　勤務先　市水道局の工業用水課の事務室（職員数 10 名）

背景等

・V が工業用水課に異動する前、市が計画した工事の施工のため、工業用
　水課工務係主任らが、V の親に対し、工事用地として同親の耕作地を貸
　してほしい旨申入れて交渉したが、同親が断り、Y 市は他の土地を借り

たため、工事費が増加したという出来事があった。

・Vは無口で内気な性格であり、工業用水課に異動したVは、同課の歓送迎会で、上司から上記の出来事を聞き、同課全体の雰囲気が必ずしも自分を歓迎していないことを知るとともに、負い目を感じた。

・工業用水課は、主にD3主査を中心にD1課長ら3名によって課の雰囲気が作られる面があった。

・D3主査は、物事にはっきりした人物で、地声も大きく、大きな音を立ててドアを開閉したり、スリッパの音を立てて歩くなど動作も大きいところがあり、内気でぼそぼそと話すVに対し、「もう少し聞こえる声で話してくれよ。」などと言ったこともあり、Vは、D3主査の言動に驚き、接し方が分からないような様子を見せていた。

・Vには、本件いじめ以前には業務遂行上の目立った問題行動は見られなかった。

Dらの言動

① D1ら3名が、平成7年5月に工業用水課に配転されたVに対し、異動の翌月ころから、聞こえよがしに、「何であんなのがここに来たんだよ」、「何であんなのがAの評価なんだよ」などと言った。

② D3主査が、同僚Fと下ネタ話をしていたとき、会話に入ってくることなく黙っているVに対し、「もっとスケベな話にものってこい」、「F、Vは独身なので、センズリ比べをしろ」などと呼び捨てにしながら猥雑なことを言った。また、Vが女性経験がないことを告げると、Vに対するからかいの度合いをますます強め、D3主査がFに対し、「Vに風俗店のことについて教えてやれ」「経験のために連れて行ってやってくれよ」などと言った。

③ D3主査が、Vを「むくみ麻原」などと呼んだり、Vが登庁すると「ハ

ルマゲドンが来た」などと言って嘲笑した。

④D3主査が、ストレス等のためにさらに太ったVに対し、外回りから帰ってきて上気していたり、食後顔を紅潮させていたり、ジュースを飲んだり、からかわれて赤面しているときなどに、「酒をのんでいるな」などと言って嘲笑した。

⑤平成7年9月ころになると、いじめられたことによって出勤することが辛くなり、休みがちとなったVに対し、D1ら3名は、「とんでもないのが来た。最初に断れば良かった」「顔が赤くなってきた。そろそろ泣き出すぞ」「そろそろ課長（D1課長のこと）にやめさせて頂いてありがとうございますと来るぞ」などとVが工業用水課には必要とされていない厄介者であるかのような発言をした。

⑥平成7年11月の合同旅行会の際、異動後初めての旅行だからと親から勧められて参加したVが、D1ら3名が酒を飲んでいる部屋に、休みがちだったことなどについて挨拶に行ったところ、D3主査が、持参した果物ナイフでチーズを切っており、そのナイフをVに示し、振り回すようにしながら「今日こそは切ってやる」などとVを脅かすようなことを言い、さらに、Vに対し、「一番最初にセンズリこかすぞ、コノヤロー」などと言ったり、Vが休みがちだったことについても「普通は長く休んだら手みやげぐらいもってくるもんだ」などと言った。

Vの状況

・合同旅行会以後、VはD3主査の前に出ると、一層おどおどした態度を見せるようになり、11月は半休を含め4日しか出勤しなかった。

・Vは、市議会議員にいじめを受けていると訴え、同議員は、11月下旬ころ、D1課長と面談して、いじめの事実の有無を調査するよう申し入れた。

・Vは、病院で心因反応と診断されて通院するようになり、同年12月には1日出勤したのみであった。

使用者の対応等

・Vが労働組合に職場でいじめなどを受けた旨を訴え、12月、実態調査を行うこととなった。

・これを知ったD1課長ら3名は、「被害妄想で済むんだからみんな頼むぞ。」「工水ははじっこだから分からないよ。」「まさか組合の方からやってくるとは思わなかった。」などと、工業用水課の他の職員に対し、Vに対するいじめ、嫌がらせはVの被害妄想であり、Vを除く職員全員でいじめの事実を見聞したことはないと言えば、いじめはなかったことになる旨働き掛けるなどして、Vに対するいじめの事実がVの被害妄想であると口裏合わせをするように働き掛けた。

・組合本部で、組合幹部、水道局職員課長GおよびD1ら3名の立会のもと、Vがメモを読み上げていじめを訴え、心因反応で1か月の療養を要するという診断書を提出した。D1課長は、錯覚であると答えるのみで、効果的な反論はしなかった。

・Vの訴えを受け、G課長は、自らD1ら3名のほか工業用水課職員から事情聴取をするとともに、D1課長に対し、工業用水課の職員を中心にいじめを見聞したことがあるか否か調査するよう指示した。

・しかし、G課長は、Vが欠勤を続けているということでVから直接事情を聴取することはなかった。

・調査の結果、G課長は、いじめの事実を自ら確認することはできなかった上、平成8年1月、D1課長からも同様の報告を受けたため、いじめの事実はなかったと判断した。

・Vは平成8年1月には3日間（そのうち2日はそれぞれ半日のみ）出勤

しただけであった。

・平成8年1月、市議会議員がD1課長に面談し、Vの希望に添って配置転換をしてほしい旨申し入れた。Vの親も、水道局総務部長に面談し、Vの机の中から遺書が出てきたと伝えた。

・そこで、G課長とH係長が、Vの担当医師と面談し、Vの自宅を訪問した。その際に、Vが配転希望を出したが、「今休んでいるので、配転替えは難しい。」旨答えた。

Vの自殺

・Vは、平成8年3月はすべて欠勤した。

・Vは、同年4月1日に水道局資材課に配転されたが、4月に2日出勤したのみであり、それ以降12月までの間は出勤しなかった。

・Vは、同年4月、2回にわたり、自殺を企てたが、未遂に止まった。

・その後、VはA病院に2回入院（精神分裂病、境界性人格障害、心因反応と診断）、B病院に2回入院（精神分裂病、心因反応と診断）、クリニックで治療（心因反応、精神分裂病と診断）した。

・Vは、平成9年1月に4日間（そのうち1日は半日のみ）出勤したのみであり、同年2月以降は出勤しなかった。そして、同年3月4日、自宅で首をくくって自殺した。

提訴の事情

Vの遺族による提訴

　Vの父母は、D1・D2・D3に対する不法行為による損害賠償請求と、市に対する国賠法1条1項による損害賠償請求をして、提訴した。

| 判決の概要 |

　東京高裁は、市は安全配慮義務違反により、国家賠償法1条1項の責任を負うとして、合計約2350万円（Vの逸失利益＋遺族固有の慰謝料合計約7100万円であるが7割減額し。弁護士費用合計220万円）の支払いを命じた（D1ら3名の個人責任は否定した）。

| 理由 |

D1ら3名の行為について

・内気で無口な性格であり、しかも、工業用水課とVの親とのトラブルが原因で職場に歓迎されていない上、負い目を感じており、職場にも溶け込めないVに対し、上司であるD1課長ら3名が嫌がらせとしていじめ行為を執拗に繰り返し行ってきたものであり、挙げ句の果てに厄介者であるかのように扱い、さらに、同課における初めての合同旅行会に出席したVに対し、D3主査が、ナイフを振り回しながら脅すようなことを言い、D1課長・D2係長も、D3主査が嘲笑したときに大声で笑って同調していたものであり、これにより、Vが精神的、肉体的に苦痛を被ったことは推測し得る。したがって、D1ら3名の言動は、Vに対するいじめというべきである（国賠事案であるため、D1ら3名は責任を負担しない）。

市の法的責任について

・工業用水課の責任者であるD1課長は、D3主査などによるいじめを制止するとともに、Vに自ら謝罪し、D3らにも謝罪させるなどしてその精神的負荷を和らげるなどの適切な処置をとり、また、職員課に報告して指導を受けるべきであったにもかかわらず、D3主査およびD2係長

によるいじめなどを制止しないばかりか、これに同調していたものであり、G課長から調査を命じられても、いじめの事実がなかった旨報告し、これを否定する態度をとり続けていたものであり、その結果、Vは、同課に配属されるまではほとんど欠勤したことがなかったにもかかわらず、まったく出勤できなくなるほど追い詰められ、心因反応という精神疾患に罹り、治療を要する状態になった。

・Vの訴えを聞いたG課長は、直ちに、いじめの事実の有無を積極的に調査し、速やかに善後策（防止策、加害者等関係者に対する適切な措置、Vの配転など）を講じるべきであったのに、これを怠り、D1課長ら3名などに対し面談するなどして調査を一応行ったものの、Vからはその事情聴取もしないままいじめの事実がなかったと判断し、いじめ防止策および加害者等関係者に対する適切な措置を講ぜず、Vの職場復帰のみを図ったものであり、その結果、不安感の大きかったVは復帰できないまま、症状が重くなり、自殺に至った。

・以上より、D1課長およびG課長においては、Vに対する安全配慮義務を怠ったといえる。

・精神疾患に罹患した者が自殺することはままあることであり、しかも、心因反応の場合には、自殺念慮の出現する可能性が高いことをも併せ考えると、Vに対するいじめを認識していたD1課長およびVの訴えを聞いたG課長においては、適正な措置を執らなければ、Vが欠勤にとどまらず場合によっては自殺のような重大な行動を起こすおそれがあることを予見することができた。また、上記の措置を講じていれば、Vが職場復帰することができ、精神疾患も回復し、自殺に至らなかったであろうと推認することができる。したがって、D1課長およびG課長の安全配慮義務違反とVの自殺との間には相当因果関係がある。

・よって、市は、安全配慮義務違反により、Vの自殺について、国家賠償

法1条1項の責任を負う。

損害賠償額について

・Vの逸失利益は約4700万円、Vの父母固有の慰謝料は合計2400万円と
するのが相当であるが（合計約7100万円）、自殺は最後のいじめから1
年以上後のことであり、配置転換や入通院を実施したが功を奏すること
なく自殺に至ったという事情等を考慮すると、Vの資質ないし心因的要
因も加わって自殺への契機となったものと認められるから、上記損害額
の7割を減額するのが相当である（合計約2130万円）。これに弁護士費
用合計220万円を認める。

・国賠事案であるため、D1らの個人としての不法行為責任は否定され、
市の賠償責任のみが認められる（国賠法の解釈により、公務員個人は責
任を負わないとされている）。

(2) 処分を争う行為者による請求の裁判例

1. 東京地判 平 27.8.7 （三菱地所リアルエステートサービス事件）

> **✍ 判例のポイント**
> ・部下 7 名に対する悪質なパワハラが認められたため、降格の懲戒処分を受けたところ、行為者が懲戒処分を争って提訴した事案で、請求棄却した判例。
> ・裁判所が「極めて悪質」と評した暴君型のパワハラ言動が確認できる。
> ・受け手が 7 名いたにも関わらず相談窓口への申告がなく、コンプライアンスアンケートが発覚の端緒となった事例であり、アンケートの有用性がうかがえ、また、アンケートによる発覚後の会社の対応が参考になる。

ハラスメントの態様等

行為者　D 部長（理事（8 等級）、担当役員補佐兼流通営業部長）と常務
受け手　V ら 7 名（D 部長の部下）
・受け手の中にはカウンセリングを継続的に受ける状況に陥った者もいる。

V1 に対する D 部長の言動

・「12 月末までに 2000 万やらなければ会社を辞めると一筆書け」「体をこわしても 8 か月しか給料がでないから体をこわしてからでは遅いぞ、もう大阪に帰って就職したほうが良いんじゃないの」「会社に泣きついていすわりたい気持ちはわかるが迷惑なんだ」「だめなら退職の手続だな、これは時間がかかるけど。パワハラで訴えるか」等と言った。

・D部長と常務がV1を個人面談し、「…さっさと大阪に帰って欲しいんだよ。うちの会社にとってもマイナスだから、ここにいること自体が」「いや、頑張るんじゃなくて、じゃ、お前大阪返してやるから、できなかったら辞めろよ！（強い口調）」等と言って、「今期2000万円やります。…できなかったら辞めます。」と書かせた。

・D部長がV1を個人面談し、「（V1の子供の年齢が10歳であると確認し）それくらいだったらもう分かるだろう、おまえのこの成績表見せるといかに駄目な父親か」

V2に対するD部長の言動

・D部長と常務がV2を個人面談し、「2800万円できなければ、身を引きます」という文書を書かせた。

・V2の成績が上がらないため、約束文書に基づいて会社を辞めるよう要求した。

V3に対するD部長の言動

・D部長と常務がV3を個人面談し、家族構成、配偶者の収入について質問し、更に、自分の成績につき、あなたが社長だったらどうするか、独立する気があるのかという質問をした。

事業主の対応・提訴の事情等

会社の対応等

従業員全員に対してコンプライアンスアンケートを実施したところ、多数のパワハラの指摘があり、発覚した。そこで、

・管理職を集めて意見を聴いて調査を開始し、パワハラを受けた・見たと回答した従業員に事情聴取を実施した。

・さらに、事情聴取で名前の出た従業員にも事情聴取したところ、ほぼ全員がD部長と常務の名前をあげた。
・そこで、D部長と常務の事情聴取を実施した。
・賞罰委員会を開き、パワハラに該当すると資料されるD部長の言動を記載した「弁明の機会の通知」をD部長に交付し、これに対してD部長は回答書を提出し、賞罰委員会に出席して口頭で説明した。
・会社は、D部長を副理事（7等級）、担当部長に降格する懲戒処分を実施した。
・常務に対しては、執行役員の地位を解任のうえ、出勤停止2週間の懲戒処分とした。

D部長の提訴

　D部長は、懲戒処分としての降格処分が違法・無効であるとして、無効の確認を求めて提訴した。

判決の概要

　東京地裁はD部長の請求を棄却した。

理由

・D部長の言動は懲戒事由に該当するパワハラである。
・D部長の言動は、部下である数多くの従業員に対して、<u>長期間にわたり継続的に行ったパワハラである。成果の挙がらない従業員らに対して、適切な教育的指導を施すのではなく、単にその結果をもって従業員らの能力等を否定し、それどころか、退職を強要しこれを執拗に迫ったものであって、極めて悪質</u>であり、降格処分は相当である。

2. 東京地判 平 23.7.26 （河野臨牀医学研究所事件）

👌 判例のポイント

・部下に対するパワハラその他の4つの非違行為が認められたため、懲戒解雇を受けたところ、行為者が懲戒解雇を争って提訴した事案（精神的な攻撃）で、請求棄却した判例。
・閉鎖的な職場における精神的な攻撃の事例
・Vが被害を訴えたメールとVが受診した精神科医師の診療録がパワハラの事実認定にとって重要な証拠となった。

ハラスメントの態様等

| 行為者 | D（電算課課長心得） |

受け手　V（病院事務部に在籍し、電算室でDと2人で業務を行うことも多かった）

勤務先　複数の病院を付属施設として有する財団法人の電算課

背景

・Dは平成13年4月から電算課の課長心得であり、上司は病院事務長であった。
・電算課所属の従業員はDとEであり、Dは地下一階の電算室に常時詰めて執務していた。
・電算室で執務していたのは、DとEのほか病院事務部のVがおり、EとVは、電算室での業務と病院関係の業務（電算室外）を半分ずつ程度の割合で行っていた。

・財団では、年次有給休暇取得の定めに希望日の1週間前までに所属長
　（Dの場合は事務長）の承認を得ることと規定されているが、Dは、事
　務長の承認を得ないことが多く、事務長がDに対し、2回にわたり書面
　で注意、指導していた。それでもDは従わず、3回にわたり、電算課の
　Eに連絡したのみで欠勤した。

・Dは、私物のパソコン12台を持ち込んで執務を行っていたところ、財
　団理事長が、書面で私物のパソコンを早急に引き上げ、当該私物のパソ
　コンに財団のデータが保存されている場合、財団にそれを引き渡すこ
　と、業務には財団所有のコンピューターを使用することを指示するとと
　もに、個人情報保護法の観点から、電算室内に個人所有のコンピュー
　ターを持ち込むことを禁止した。

・財団では病院情報システムをTJ社の新システムに変更することが検討
　され、各部署の長が出席する連絡会が開催され、Dも電算課の責任者と
　して連絡会に出席した。この席でDは、今から新システムを導入する
　のは間に合わない、自分としては責任を持てない旨発言し、院長から、
　責任を持てないのならば、新システムの導入を担当する必要はない旨告
　げられた。このため、Dは電算課の課長心得という立場にあるにもかか
　わらず、新システムを導入するための委員会である新医療情報システム
　導入委員会の構成員に加わらないこととなった。

Dの非違行為

① （パワハラ）Vは事務長の指示で、電算室で、S社の健診システムのテ
　スト業務を行っていたが、システム障害が次々に起こり、1年近くたっ
　てもテスト業務が終了できなかった。Vと電算室で二人きりで業務を行
　うことが多かったDは、このような状況を見て、Vに対し、苛立った
　様子で、「1年近くやっているんだから、さっさと終わらせろ」などと

言った。また、冗談交じりの言い方で、「S社の社員じゃないの。」とか「S社から給料もらってるんじゃないの」などと皮肉めいたことを言った。

　結局、S社の健診システムは採用されず、違約金を支払って中途解約されたが、Dは、必要がないにもかかわらずS社に違約金を支払ったとして、事務長の対応を背任行為に当たるなどと非難していた。そのような中、DはVに対し、別の業者の担当者とVが連絡を取り合い背任の片棒を担いでいる等と罵るようになった。また、Vが、TJ社の新システムの導入に関して、事務長から命じられて各部署のヒアリングを行っていたことについて、「君はどういった権限でそのようなことをこそこそとやっているんだ。」「これ以上そのような行動をとるなら宣戦布告をするからな。」「今の状況ならV君はここにはいらない。」などと言った。このようなDの言動を苦痛に感じたVは、欠勤するに至り、事務長に対し、メールで状況を訴えた。

　その後もDは、Vに対し、「パソコンの解像度が変わってる。V君が覗いているんだろう。」「インターネットの履歴を見て事務長に告げ口してるだろう。」「事務長の犬が。」などと罵った。更に、DがVに事前に日時を伝えて指示していた作業の現場にDが作業開始してもVが現れなかったことから、その後にあらわれたVに対し、「どこに行ってたんだ。」「どこから給料もらってんだ。」「わざと（作業のときに）いなくなった。」「もういいから、しなくていい。」などと怒った。Vは早退してしまい、約2か月半にわたり欠勤した。Vはうつ病と診断され、都合8回、精神科に通院し、事務長に退職したい旨申し出て事務長が遺留することもあった。

②出席資格がない新システム導入委員会に出席しようとし、事務長から「退出しないと業務命令違反になる」と退出を命じられたが従わずに

162

「出席させろ。」と居直り、委員会の開始が 10 分遅れた。

③漏水の危惧に床に穴を開けて対応したいという要望が専門家の意見により受け入れられなかったところ、会社に無断で、電動ドリルで床に穴を開けた。

④（無断欠勤）上司への連絡許可を怠り課員への連絡で済まして欠勤した。

事業主の対応・提訴の事情等

会社は、①〜④などの事由をあげて D を懲戒解雇した。

D の提訴

D は、懲戒解雇無効と、残業代の未払賃金支払等で訴訟提起した。

判決の概要

東京地裁は、懲戒解雇を有効とした（懲戒解雇無効に関する請求は棄却）。

なお、時間外、深夜、休日の割増賃金請求約 334 万円は認めた。

理由

・4 つの非違行為を認定して、①は、言動の内容自体からしても、<u>先輩職員からの指導というレベルを逸脱し個人攻撃の域に達していることは明らかであるから</u>、いわゆるパワーハラスメントというべきものであると認められるから、重大な非違行為といえる。

なお、D は①の言動を否定しているが、東京地裁は、V の事務長にあてたメールや V が通院していた医師の診療録などを証拠として採用し、認定した。V のメールについては、「<u>V があえて虚偽の事実を述べる動</u>

　　機もなく、その内容も迫真性に満ちたものであって、充分に信用するこ
　　とができる」とした。
・③についても、それ自体重大な非違行為であり、②④についてはそれ自
　体では直ちに懲戒解雇に該当するとは言えないとしても、軽視すること
　ができない規律違反行為である。
・以上を総合すると、上記各事実を懲戒事由とする本件懲戒解雇には合理
　的な理由があるというべきであるし、それが社会通念上相当性を欠くと
　いうこともできない。

第2章

セクシュアルハラスメントの裁判例

（1）損害賠償請求（受け手による請求）の裁判例

1.　最判 平 30.2.15（イビデン事件）

> ### 👉 判例のポイント
>
> ・ストーカー型のセクハラにより退職した従業員が、行為者と元勤務先および親会社を訴えて、行為者と元勤務先の連帯責任（慰謝料等 220 万円）は認めたが、親会社の責任は否定した判例。
>
> ・岐阜地裁はセクハラ行為を認めず請求棄却したが、名古屋高裁および最高裁はセクハラ行為を認めた。客観的証拠のないハラスメント事案における事実認定の難しさがうかがえる事案である。
>
> ・名古屋高裁は元勤務先だけでなく親会社の不法行為責任まで認めた。しかし、最高裁は、親会社の不法行為責任は否定した。ただし、本件事案（受け手でなく相談を受けていた男性が相談していた等）の状況下での親会社の責任否定であり、常に親会社の責任が否定されるわけではないことに注意が必要である（受け手自身が親会社に相談していた場合には、親会社の事実確認等の対応義務が認められた可能性がある）。
>
> ・相談担当した上司（係長）の対応ミスが紛争の訴訟化を招いたともいえる事案である。

ハラスメントの態様等

　　行為者　D（IK 社の男性従業員）

　　受け手　V（IC 社の女性従業員）

　　関係者　A（V から相談されていた男性従業員）

　　　　　　R（IC 社の係長。V の上司）

166

背景等

・IC 社と IK 社は、I 社の子
会社であり、V と D は親
会社である I 社の事業所内
で就労していた。

・V は D と肉体関係を伴う
交際をしていたが、V が D
に交際解消の意向を伝えて
いた。

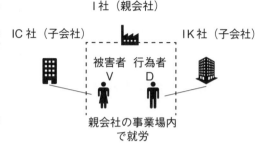

D の行為等

・D が、事業所内で頻繁に V のもとにやってきて話しかけたり、居座っ
たりし、就労中の V に交際を求める発言をするようになり（つきまと
い行為）、V の自宅に押しかけて V の長女からたしなめられたことも
あった。

・体調を崩した V は、勤務先 IC 社の上司である R 係長に相談した。R 係
長は、朝礼で「ストーカーや付きまといをしているやつがいるようだ
が、やめるように。」などと発言するのみで、それ以上の対応はしな
かった。

・V から D のことについて相談され心配した A が、R 係長に問い合わせ
るも、口論となり、A は乙事業所に異動させられてしまう。

・V は、上司である R 係長と S 課長と面談した。しかし、まともに取り
合ってくれなかったため、V は、やむなく IC 社を退職した。

・IC 社を退職した V は、派遣会社を介して、たまたま、A が異動してい
た乙事業所に派遣された。そのころも D が V の自宅付近に数回、自動
車を停車させるなどしたため、V は交番に相談するなどした。

・Vから自宅近くでDの自動車を見かけたことがあるという相談を受けたAは、IC社とIK社の親会社であるI社のコンプライアンス相談窓口に電話し、Dのストーカー行為への親会社としての対応を申し入れた。

事業主の対応・提訴の事情等

親会社の対応等
・Aの相談を受けたI社は、子会社IC社のR係長に問い合わせた。
・R係長はAの言うような被害はないと回答した。
・このため、I社は、Vからの事情聴取はしないまま、Dのセクハラ行為は一切確認できなかったとAに回答するにとどまった。

Vの提訴
　Vが、Dと元勤務先IC社、親会社I社を被告として、損害賠償請求訴訟を提起した。

判決の概要

岐阜地裁判決
　セクハラ行為を認定せず、請求棄却した。

名古屋高裁判決
　Dによる一連のセクハラ行為を認定して岐阜地裁を破棄し、Dの不法行為責任を認めた。
　しかも、IC社だけでなく、親会社であるI社の信義則上の義務違反も認めて、D、IC社および親会社I社が連帯して責任を負うとした。

最高裁判決

　名古屋高裁判決と同じくセクハラ行為を不法行為と認め、DとIC社の連帯責任（慰謝料200万円＋弁護士費用20万円の損害賠償責任）を認めたが、親会社であるI社の責任は否定した。

理由

　親会社であるI社の責任については、<u>親会社が法令遵守体制の一環として、グループ会社事業所内の就労者からの法令等の遵守に関する相談窓口を設けていたこと等から、相談の申出の状況いかんによっては、申出者に対し、適切に対応すべき信義則上の義務を負う場合がある</u>としつつ、以下の理由等により、本件では親会社I社のVに対する信義則上の義務違反があったとはいえないとした。

・<u>相談窓口への申出人がV本人ではない。</u>

・Aによる I 社への申出の当時、VとDは同じ職場で就労しておらず、Aによる申出はDの行為が行われてから8か月以上経過していた。

2. 東京地判 平 26.2.28 （東京セクハラ（会社役員）事件）

👉 判例のポイント

・行為者に対して慰謝料等約66万円の支払いを命じた判例。
・裁判所により不法行為と判断されたセクハラ言動が参考になる。
・主な証拠が受け手の作成していた備忘録であり、その信用性が争点となった。受け手の供述の信用性を判断する際に、裁判所の判断方法が参考になる。
・受け手が明確な拒否をしていなかったが、不法行為が認められている。

ハラスメントの態様等

行為者　D（取締役）
受け手　V（事務員）

背景等

認定された D の言動

・「1度寝てみたい。2回も夢を見た」
・「あまり、そっちの方は好きじゃないみたいだから、かわいそう」
・「60になるまでにぜひ寝たい　僕の夢」
・「明日スカートはいてきて　1日デートだね」
・「キスしたいんだけど、3ヶ所の内どれがいい。肩　おへそ　内もも」
・肩を揉むと言って腕を触る。後ろから抱きつく。においを嗅ぐ。
・「胸こないだ風船みたいに柔らかかった」
・胸を2回触る、首筋のにおいをかぐ。

170

・携帯で話しながら、肩を撫で回す。

提訴の事情

Ｖの提訴

Ｖは、不安障害を発症したため通院治療を余儀なくされたとして、約113万円（慰謝料＋通院治療費＋弁護士費用）を請求して、Ｄを被告として提訴した（勤務先は訴えられていない）。

判決の概要

東京地裁は、66万円（慰謝料60万円＋弁護士費用6万円）の損害賠償を命じた。

理由

・主な証拠はＶが作成していた備忘録である。備忘録の信用性につき、備忘録の記載がＤの自白や客観的事実と整合すること、セクハラに関する記載が具体的で迫真性に富んだ内容であること等を挙げて、信用できるとした。

・他方で、備忘録に記載のない発言は、認めるに足りる証拠がないとして認定しなかった。

・（Ｖは明確な拒否をしていないが）Ｄの言動は、Ｖの真意に基づく承諾なしにその胸などの身体に触れるといった性的羞恥心を害する言動であることは明らかであり、故意にＶの人格的利益を侵害し、Ｖに精神的苦痛を被らせるものというべきであるから、不法行為を構成する。

3.　東京高判 平 24.8.29（銀蔵事件）

✍ 判例のポイント

- ・代表取締役と店長、会社に対する損害賠償請求に対し、代表取締役と会社の連帯責任（約330万円）は認め、店長の責任は否定した判例。
- ・代表取締役（社長）が勤務時間外・勤務場所外でアルバイトの女子大生宅を訪問して性交渉に及んだところ、女子大生は拒否していなかったが、自由な意思に基づく同意がなかったとされた。
- ・代表取締役の上記行為は会社の事業と密接な関連性があるとして会社の使用者責任も認められている。
- ・行為者と受け手の地位に大きな差がある状況では（本件では人事権を有する代表取締役と本採用を待つアルバイト学生）、行為者がその状況を利用すると、行為者にとって不利な判断がなされる可能性があることがわかる。
- ・事情聴取時の聴取担当者による失言（代表取締役に妻子があることを知りながら性交渉を持ったことを非難した）が、紛争の深刻化（被害感情の悪化）を招いた可能性がある。

ハラスメントの態様等

行為者　D（社長。代表取締役。既婚者）
　　　　　E（店長。Vに指揮命令を行う立場。独身）
受け手　V（女子従業員）
勤務先　質屋業の会社（勤務先はA店）

背景

　Vは就職内定を得て、A店のオープンに備えてアルバイトとして働く

172

ことを勧められ、大学卒業前に実家から会社の女子従業員社宅に引っ越し、平成19年10月からアルバイトとして、平成20年1月から正社員として、A店で勤務した。

D社長の行為

　D社長が勤務時間外にVの社宅を訪問し、VはD社長の訪問を受け入れ、要求に応じて性交渉を受け入れた。

E店長の行為

　E店長は新入社員歓迎会後、Vの承諾を得てV宅にて2人で飲酒した。後日、帰社後におでん屋で飲酒し、店長宅で飲み直し、性交渉した（VはE店長宅に宿泊し、翌日E店長の出勤後に同人宅を出た）。その後も、休日に2人で水族館やアウトレットにでかけ、週2回ほどの頻度でV宅にて性交渉した。

事業主の対応・提訴の事情等

会社の対応等

・Vは大学卒業直前に退職を決意し、人事担当者に伝えて退職した。その際、VがD社長らからセクハラを受けた、場合によっては会社を訴えると人事担当者に伝えて発覚した。
・会社は取締役会長と専務が対応して、喫茶店でVと面談し、D社長を解雇すること等をVに伝えたが、その際に、D社長に妻子があることを知りながら性交渉を持ったことを非難した。

Vによる提訴

　Vは平成20年4月に退職し、D社長・E店長と会社を被告として、約8815万円の損害賠償請求をして提訴した。

判決の概要

　東京地裁は、VとD社長との性交渉もE店長との性交渉とも、合意の上で行われたと認定し、請求棄却した。

　東京高裁は、D社長についてはVが自分の置かれた立場を考えてやむなく性交渉を受け入れたと認めて不法行為責任を肯定し、330万円の損害賠償（慰謝料300万円＋弁護士費用30万円）を命じ、会社についても使用者責任（民法715条）等による連帯責任を認めた。

　E店長の不法行為責任については否定した（請求棄却）

理由

・D社長の行為については、VはD社長の訪問を受け入れ、要求に応じて性交渉を受け入れている。しかし、D社長はV（正社員採用前のアルバイト学生）の人事権を有する代表取締役だったのであるから、VがD社長の要求を拒絶することは心理的に困難な状況にあったものと認められ、Vの自由な意思に基づく同意があったと認めることはできない。したがって、D社長の行為は、Vの性的自由および人格権を侵害した不法行為にあたる。

・E店長の行為については、VとE店長は親密な関係にあったと認められ、Vは自由な意思に基づいてE店長と性交渉を持ったものと認めるのが相当である。

・会社の使用者責任については、D社長がV宅を訪問した行為は会社の事業と密接な関係にあったから、会社は使用者責任（民法715条）を負う。

4.　広島地判 平 19.3.13 （広島セクハラ（生命保険会社）事件）

判例のポイント

- 忘年会で「悪ふざけ」をした行為者と会社に対して、一番金額の大きい被害者で慰謝料等 220 万円の支払いを命じた判例。
- 受け手側に落ち度があった場合でも、行為者が責任を免れるとは限らないことが示された。
- 悪質なハラスメントは被害感情が強く、会社が和解調整の努力をしても自主的解決ができず、裁判沙汰になってしまう可能性があることがわかる。
- 受け手側が行為者の処分の内容・理由を明らかにすることを求めたが、会社にはその義務がないことが示された。

ハラスメントの態様等

行為者	D（営業所長）、E（組織長）ら
受け手	V1～V7（すべて保険外交員の女性）
勤務先	生命保険会社

忘年会におけるセクハラ言動

- D 所長が、V1（41）に対し、背後から羽交い絞めにするように抱き込み、カニばさみをし、さらに E 組織長が正面から V1 の両脚を広げて抱え込み、V1 の股間に陰部付近を数回押し付けた。
- D 所長が、V2（46）に対し、後方から V2 の足下に滑り込んで V2 をよろめかせ、すかさずカニばさみをし、逃げようとする V2 の足首を掴んで引き寄せ、V2 の腰に両脚を巻き付けて引き倒した　ほか多数

事業主の対応・提訴の事情等

発覚と会社の対応

・忘年会から約３か月後に、V2が市人権センターに申し立するなどして事案が発覚した。

・会社が４名体制で営業所の職員全員に事情聴取したところ、不快との意見が多かった一方で、D所長が赴任する前から、宴会ではV1らが中心となって悪ふざけ的行為をしていたし、忘年会でもしていた、D所長らの行為を受け入れて楽しんでいたという指摘もあった。女性２名がD所長を床に押し倒し、上に乗りかかることもあった。

・D所長・E組織長は営業所の朝礼で謝罪した。

・被害女性らは事情聴取が不十分と会社に申し入れし、会社は、女性に追加事情聴取を実施した。

・被害女性らはコンプライアンス統括部長との面談を求め、同部長が女性らと面談して事情聴取した。

・市人権センターにおいて、センター職員立ち合いのもと、調査担当者および支社長が被害女性全員と面談し、D所長の謝罪等を行うも、支社長が、女性らは楽しそうにしていたと認識していたと発言した。

・取締役常務執行委員やコンプライアンス統括部長らが被害女性らと面談し、会社として謝罪した。

会社による関係者の処分

・D所長を営業所長から他支社の営業担当副長に更迭した。

・懲戒委員会において、D所長をけん責、E組織長を戒告等の処分とし、両名は退社した。

・支社長が朝礼で処分が下されたことを報告し、会社として深謝した。

・ただし、処分の具体的内容や処分の理由は明らかにしなかった。
・これに納得しない被害女性らは、労働局へのセクハラ申立、法務局への
　被害申立などをした。

被害女性らによる提訴

被害女性らは行為者と会社を被告として損害賠償請求の訴えを提起した。

判決の概要

　広島地裁は、D所長・E組織長の不法行為責任を認め、最も被害の重かった女性で220万円（慰謝料200万円＋弁護士費用20万円）、もっとも被害の軽い女性で70万円（慰謝料64万円＋弁護士費用6万円）の損害賠償を命じ、会社も使用者責任（民法715条）として連帯責任を負うとした。

　なお、会社が処分の具体的内容や処分の理由を明らかにしなかったことが被害女性らに対する義務違反になるとの被害女性らの主張については否定した。

D所長・E組織長の不法行為責任について

・被害女性側の落ち度（被害者側の女性2名がD所長を床に押し倒し、上に乗りかかるなど）については、過失相殺を行った（被害女性側の責任割合2割として、賠償額を2割減額した）。

理由

被害者側の落ち度

　原告らの多くは，本件忘年会当時かなりの人生経験を経た中高年に達す

る者であったことからすれば，被告ら3名の行き過ぎた行動を諌めるべき
であったといえるが，原告らは被告ら3名の上記行為を特に咎めることな
く，むしろ嬌声を上げて騒ぎ立て、このような原告の態度が被告ら3名
の感情を高ぶらせ，セクハラ行為を煽る結果となったことは容易に推認さ
れる。したがって，原告らにも落ち度があったといえるから，損害につい
ては過失相殺の法理を類推適用するのが相当である。

**会社が処分の具体的内容や処分の理由を明らかにしなかったことが被害女性らに対す
る義務違反になるかについて**

・処分は会社の人事に関することであり会社が処分の具体的な内容や処分
　の理由を明らかにする義務はないことや、関係者のプライバシーの保護
　の必要性は加害者についても同様であるとして、処分の具体的内容や処
　分の理由を明らかにしないことは、義務違反にはならない。

5. 広島高判 平 16.9.2（下関セクハラ（食品会社営業所）事件）

👆 判例のポイント

・行為者と会社の連帯責任（慰謝料等145万円）と、会社固有の責任（慰謝料等約55万円）を認めた判例。
・女性が少ない閉鎖的な職場における、「あたり行為」からの発展型のセクハラ（性的な会話を受け手が拒否しないことから、違法なセクハラに発展するタイプ）の事例。
・会社固有の損害賠償責任が争点となり、会社の職場環境整備義務違反が認められた。

ハラスメントの態様等

行為者　D1（営業所長、被害者Vの就職推薦人）
　　　　D2（営業所を統括するブロック長）
受け手　V（数人の営業所中唯一の女性従業員。夫あり）
勤務先　甲社（食品会社）の営業所

背景等

・甲社は、労働関係機関から匿名でセクハラがあるようなので注意されたい旨の電話を受け、幹部会議席上にて、総務部長がセクハラについて注意喚起した（D1所長、D2ブロック長も出席していた）。
・甲社は、相談窓口設置や防止のためのより強力な措置は講じなかった。

D1 所長の言動

・幹部会議直後に、D1 所長と V が社外業務に従事して昼食を共にした際、飲酒のうえ、V と他の従業員との社内不倫があると決めつけ、「お前はサセ子になっている」と中傷した。

D2 ブロック長の言動

・幹部会議直後に、V に対し、性的会話を頻繁にするようになり、卑猥なメールを十数回送信のうえ、度々性交渉を求めるような言動に出て、従業員が外出中の営業所内で V に抱きつき、「今からホテルに行こう」などと言った。そして、やむなく了承した V と、付近のラブホテルにて性交渉を持った。
・D2 ブロック長は、同営業所内において、再度 V をホテルに誘ったが、V が拒否したため、自身の性器を露出して見せ、逃げようとする V に抱きついて業務机の上に押し倒した。

事業主の対応・提訴の事情等

発覚と発覚後の会社の対応

・V の実名による被害申告電話により発覚した。
・E 総務部長が V の聴取調査を行い、詳細を記載した書面を受領した。
・E 総務部長が D1 所長および D2 ブロック長の聴取調査をし、事実経過を自認する回答を得た（D1 所長はセクハラの自覚はないと回答した）。

会社による関係者の処分

・D1 所長は減給 10％1 か月と譴責の懲戒処分
・D2 ブロック長は降格と減給 10％12 か月の懲戒処分。また、D2 ブロック長を営業本部付とし、支店に転勤させる旨の人事異動を発令

・甲社は懲戒処分の内容を V に通知した。

被害女性らによる提訴

・V は、D1 所長・D2 ブロック長に対する懲戒処分の内容、自身への処遇、会社の対応を不満として、退職した。

・V と V の夫が、行為者のうち D2 ブロック長に対し不法行為による損害賠償、甲社に対し会社固有の損害賠償を求めて提訴した（D1 所長は訴えられなかった）。

判決の概要

　広島高裁は、D2 ブロック長の不法行為責任を認め、145 万円（慰謝料 130 万円 + 弁護士費用 15 万円）の支払いを命じた。甲社に対しては、固有の損害賠償責任として、55 万円（慰謝料 50 万円 + 弁護士費用 5 万円）の支払いを命じた。

理由

・セクハラについて注意喚起した幹部会議に出席していた D1 所長・D2 ブロック長がその直後にセクハラに及んでいることや、両名が管理職の地位にあったことから、会社のとった措置は十分な予防効果のないものであり、良好な職場環境を整備すべき義務違反の不作為が本件セクハラの一因になったと認められる。

※夫の請求については、広島地裁でセクハラ被害の慰藉は被害者自身の救済を通じて実現すべきであるとして請求棄却され、夫は控訴しなかった。

6. 東京地判 平 15.6.6

> **✍ 判例のポイント**
>
> ・会社主催の懇親会の3次会終了後のタクシー内での「思い込み型」のセクハラにより、受け手が退職に至ったことについて、行為者と会社の連帯責任（慰謝料と逸失利益等の合計約290万円）を認めた判例。
> ・慰謝料だけでなく、退職後再就職までの賃金相当額の損害賠償も認められた。
> ・会社が社員間の個人的な問題と判断して対応を誤り、訴訟にまで発展してしまったともいえる。

ハラスメントの態様等

行為者	D（専務取締役）
受け手	V（入社4年の女性従業員）
勤務先	マヨネーズ等の製造・販売等を目的とする会社

背景等

・女性社員による商品開発新チーム編成の顔合わせ懇親会をD専務が呼び掛け、3次会まで飲食した（2次会までで帰宅した社員もいた）。D専務は2次会終了時点で相当に飲酒してふらつき、具合が悪そうだったので、VがD専務の背中をさすってあげたり、階段を上るD専務の右肘をつかんで介護するなどした。D専務はVを3次会に誘い、Vの直属の上司AとBも参加するとのことだったので、Vも了承して3次会をした。

・3次会終了時点で、終電がなく、全員タクシーで帰宅するしかなかったので、D専務がタクシーを3台呼び、AとBにはD専務が会社のタクシーチケットを渡した。
・その際、D専務がVを送っていくからと発言し、Vが乗車したタクシーにD専務が乗り込んだ。

行為者の言動

・タクシー車中で、D専務がVにのしかかるように覆いかぶさって唇に執拗にキスし、「エッチしよう」と発言するなどしたため、Vはタクシーを止めてもらって下車し、上司に訴えた。

D専務の主張

VがD専務の背中を親切にさすってくれたり、2次会が終わっても帰らずに階段を上るD専務の右肘を支えてくれたことなどから、VがD専務に好意を持っているのではないかと考え、D専務自身もVに好意を持つに至り、酔いも加わって、思わずVに抱きつきキスをしてしまった。

Vの被害

・Vはその日以後、外出するのも怖い状態が続き、スーツ姿の男性を見るだけで足がすくむような思いになるなどして、そのまま出勤できなくなった（後に退職）。

事業主の対応・提訴の事情等

会社の対応等

・D専務は社長に、セクハラを巡って問題が生じていることを報告したが、社長は、会社として取り上げて事実確認を調査することはしなかった。

- 問題に対応した V の上司らは、本件セクハラを会社の問題ではなく社員間の個人的な問題と判断した。
- 上司らは V に他のポストを用意し、D 専務と直接会うことがないようにする等の提案をしたが、V は D 専務の処遇をはっきりしないと会社に復帰しないと述べ、けじめとして本件セクハラを社内で公表することと、慰謝料の支払い等を要求した。
- 話し合いはまとまらず、欠勤を続ける V に対し、会社は、私傷病欠勤であり医師の診断書も出されていない等として、休業届を提出するか退職届を提出するよう求め、諭旨解雇または懲戒解雇もありうると警告したため、V は退職した。

V の提訴

V は D 専務と会社を被告として損害賠償を請求して訴訟提起した。

判決の概要

東京地裁は、D 専務に対し、合計約 290 万円（慰謝料 150 万円 + V の退職後再就職までの 6 か月分の賃金相当額の逸失利益 120 万円等）の支払いを命じ、会社も使用者責任（民法 715 条）で連帯責任を負うとした。

理由

- （会社の使用者責任）1 次会から 3 次会までの経緯やタクシー乗車の経緯、V と D 専務が個人的に親しい関係になかったこと等に照らし、本件セクハラ行為は、会社の業務に近接して、その延長において、D 専務の上司としての地位を利用して行われたものであり、会社の職務と密接な関連性があり、「事業の執行につき」行われたといえるから、会社は D 専務の不法行為について使用者責任を負う。

7.　岡山地判 平 14.5.15（岡山セクハラ（労働者派遣会社）事件）

> ## 👌 判例のポイント
>
> ・役員の女性支店長に対するパワハラに、会社経営陣のパワハラ的・対価型
> セクハラ的な対応も加わって、受け手が退職に至った事例
> ・事実調査と行為者・相談者に対する対応決定における会社の対応が極めて
> まずかったといえる。
> ・会社の使用者責任だけでなく、固有の不法行為責任を認め、慰謝料の他に
> 退職による損害(逸失利益)の賠償も認めた。

ハラスメントの態様等

行為者　D 部長（専務取締役営業部長）
受け手　V1・V2（両名とも女性支店長）

背景等

D 部長の行為等

・V1 支店長に対し、異性関係を問いただしたり、後継者の地位をちらつ
かせて肉体関係を迫るが、V1 支店長はこれを拒否した。
・V1 支店長から相談を受けていた V2 支店長に対し、V1 支店長と肉体関
係が持てるよう協力依頼したが、V2 支店長はこれを拒否した。
・V1 支店長・V2 支店長によるセクハラ申告後、D 部長はセクハラ行為
を否定し、両名は淫乱である等と従業員に言い回った。

事業主の対応・提訴の事情等

発覚と発覚後の会社の対応

・V1・V2ら従業員数名が代表取締役に被害を申告した。

・会社は、取締役2名（男性）・監査役2名（女性）らによるV1・V2の事情聴取を実施した。しかし、V1支店長に対する質問は、D部長に対して隙はなかったのか、あなたは完全な人間か、D部長に対して本当に好意をもっていなかったのか、V1支店長が挑発したのではないか、クライアントと付き合っているとD部長から聞いたが、クライアントへ迷惑はかけていないか、D部長からあなたが中絶をしたと聞いたが、いつ中絶をしたのか等というものであった。

会社による関係者の処分

・会社は、セクハラ行為が確認できず、かえってV1・V2が社員を扇動しているとうかがわれると役員の全員一致で結論し、V1・V2に対し、組織ルールを逸脱した行動に出て社内全体を混乱させたとして、支店長を解任し平社員に降格した（V1支店長の月給は70万円→49万円、V2支店長の月給は80万円→64万円）。

・D部長については、V1・V2への対応に誤解を招きかねない不適切なものがあったとして、専務職を解いて平取締役にし、降格・減給処分とした。

・その後、会社は、V1・V2を更に減給した（V1の月給は30万円、V2の月給は32万円へ）。

・V1・V2は、更に仕事も取り上げられ、給料も入金されなくなったため、退職した。

☐ V1・V2 の提訴

　V1・V2 は、D 部長と会社に対して損害賠償請求の訴えを提起した（会社に対しては、使用者責任とともに会社固有の責任に基づく損害賠償請求もした）

☐ 判決の概要

　岡山地裁は、次のとおり請求を認めた。
・D 部長の損害賠償責任（会社は使用者責任により連帯責任）
　　V1：220 万円（慰謝料 200 万円＋弁護士費用 20 万円）
　　V2：33 万円（慰謝料 30 万円＋弁護士費用 3 万円）
・会社の固有の損害賠償責任
　　V1：約 1529 万円（D 部長の不法行為の連帯責任による慰謝料 200 万円＋会社固有の慰謝料 50 万円＋降格による未払賃金相当損害金 339 万円＋退職後 1 年分の逸失利益約 800 万円＋弁護士費用 140 万円）
　　V2：約 1480 万円（D 部長の不法行為の連帯責任による慰謝料 30 万円＋会社固有の慰謝料 50 万円＋降格による未払賃金相当損害金 356 万円＋退職後 1 年分の逸失利益約 914 万円＋弁護士費用 130 万円）

☐ 理由

会社固有の損害賠償責任について

・V1・V2 の事情聴取において、役員らが両名の訴えの真偽を公平な立場で聞く姿勢に欠け、処分は事実確認が行われないまま行われ、しかも処分は D 部長よりも重いものであり違法である。
・V1・V2 の申告は就業規則の非違行為に該当せず、2 回の減給処分は労

　基法 91 条（減給制裁の制限）違反である。
・D 部長の言動を放置し、職場環境が悪化することを放置した。

8. 仙台高裁秋田支部判 平 10.12.10
（秋田県立農業短期大学事件）

👆 判例のポイント

・アカデミックハラスメントの要素もある事案（行為者と受け手の立場の差が大きい）。

・ハラスメント行為を認定するかについて、地裁と高裁の判断が分かれており、客観的証拠がない場合（供述の信用性が争点となる場合）の事実認定の難しさがうかがえる。

ハラスメントの態様等

| 行為者 | D（短大教授） |

| 受け手 | V（D 教授の研究室に所属する女性研究補助員） |

背景等
D 教授の行為等

・D 教授と V が学会出席のために出張した際に、ホテル近くの居酒屋で 1 時間ほど飲酒し、更に宿泊先のホテルの D 教授の部屋で午前零時半ころまで飲酒しながら会話し、翌日夜も午後 11 時半頃まで D 教授の部屋で飲酒しながら会話した。

・翌朝（チェックアウトの朝）7 時半ころ、出発のための身支度を整えていた V の部屋に D 教授が来て「ちょっといい」といったので、V が室内に招き入れたところ、D 教授が V を引き寄せてベッドに押し倒し、衣服の上から胸などを触り、D 教授の下腹部を V の下腹部に押し付け

た。このため、V は逃れ、D 教授は部屋を出た。

・V は、待ち合わせ時間に若干遅れた程度で D 教授と合流し、朝食を一緒にとり、学会に参加し、学会の最中に D 教授とともに写真におさまり、昼食も共にし、当初の予定通りに鎌倉などを観光して帰宅した。

提訴の事情

V の提訴

V は、D 教授に対して損害賠償請求の訴えを提起した（短大は訴えられていない）。

D 教授の反訴提起

D 教授は、わいせつ行為を否認し、V の日頃の仕事に対する協力への感謝と励ましの気持ちを伝えようとして、ホテルの室内で V の肩に両手をかけたことがあるだけであって、それ以上の行為はしていない、わいせつ行為は V による捏造であるなどと反論し、V が虚偽の事実を公表したことにより D 教授の名誉が毀損されたとして、V に対し、慰謝料および弁護士費用の支払いを求める反訴を提起した。

判決の概要

原審（地裁）は、V の行動が強制わいせつの被害者として不自然であるとして、わいせつ行為を否定し、V の主張は虚偽と判断して、D 教授の反訴請求を一部認容した。

しかし、仙台高裁秋田支部は、原審判決を取り消し、V の D 教授に対する損害賠償 180 万円（慰謝料 150 万円＋弁護士費用 30 万円）を認容し、D 教授の反訴は請求棄却した。

理由

　「職場における性的自由の侵害行為の場合には、職場での上下関係（上司と部下の関係）や同僚との友好的関係を保つための抑圧が働くために、これらの抑圧が、被害者が必ずしも身体的抵抗という手段を採らない要因として働くであろうということが、研究の成果として公表されているのであり、性的被害者の行動のパターンを一義的に経験則化し、それに合致しない行動が架空のものであるとして排斥することは到底できないと言わざるを得ない」等として、Ｖの供述の信用性を認め、わいせつ行為を認定した。

（2）処分を争う行為者による請求の裁判例

1.　東京地判 平 30.8.8（学校法人東京経済大学事件）

👆 判例のポイント

・セクハラが大学で行われた、アカデミックハラスメントの要素もある事案（行為者と受け手の立場の差が大きい）。

・一般的に女性の立場から見て不快感を感じさせるに足りる内容の性的言動を含む LINE のやり取りをしたことに対する、1 か月間の出勤停止の懲戒処分が、懲戒権の濫用にあたるとされた。

・被害者が明確な拒絶をしなかったことを、行為者に有利な事情として斟酌している（海遊館事件（P.197）最判に照らして本判決を批判する見解もある）

・海遊館事件との違いは、セクハラ発言の不適切さの程度と継続性の点で、海遊館事件の事例の方が悪質といえる点である。

ハラスメントの態様等

行為者　D（大学准教授）

受け手　V（短大から大学に転入して D 准教授のゼミに所属希望を出していた女子学生）

背景等

D 准教授の行為等

・4月11日午後6時から翌午前1時50分頃まで、Vと LINE によるやり取りをした。

- 0時30分ころから、Vが在籍していた短大におけるセクハラの話題になり、Vが短大学長が解雇されたことがある旨答えたところ、D准教授は、「学長のケースって、やっちゃったの？」と聞き、学長のセクハラ内容に言及し、それで解雇なら自分もアウトであると自嘲。Vは、「私は大丈夫です笑」「冗談通じるので笑」「一線超えたなって思ったら、このLINEを見せればいいわけですし笑」と答えると、D准教授は、世の中のセクハラ犯人の多くはそうやって騙されるんだろうなどと述べ、さらに「お尻は無理だけど、二の腕まではOKとか」などと聞き、二の腕もアウトであるなどとVから言われるなど、セクハラの判断基準について間断なく会話をした。
- D准教授が運営するゼミのあり方についての話に話題が及ぶと、自分は女子学生を甘やかすタイプだからと述べ、Vが「ほんとに素直な先生ですね笑」と返したのに対し、「ただね、僕の予想、なんだけど、今日三次募集で選考受けに来た女の子いるでしょ？　あの子はたぶん途中で切るとおもう」と述べ、その理由を尋ねられて、「不真面目だと思うの＋かわいくないから」と述べ、Vが「可愛くないは余計ですね笑笑」などと返答した。
- D准教授は、その「女の子」が数年前にゼミに入ってきた女子学生と雰囲気が一緒であると述べ、一切忘れてくれと念押しした上で、数年前にゼミに入ってきた女子学生に関するエピソードを語り、「これがね、美人なら先生は即行くよね」「でも、本当に今日来たあの女の子みたいな人なのよ」「先生結構ストライクゾーン狭いのよ」と発言。Vが「狭いと思いますよ。話しててわかります笑」「そして、不器用だなって」と述べると、「どきどきしてきた」「え？先生イケる感じ？」「今度、デートしよっか？」と述べると、Vは、「しません」「当たり前です」と返答した。

193

・D准教授は、大学の人権教育の話題に触れた後、ふざけた調子で「まあ、嫌なのを無理してデートしなくていいよん」と述べ、Vが「そのうち、犯罪者が出ないといいですけど。大学の名前が汚れるのは勘弁うまくやってほしいですね！」との返答したところ、「いや、そういうタイプの人はあんまりいない。嫌がられたら、それで引く感じだから、何通もメールをしつこく送るとかはないから、大丈夫だと思うよ」「僕だってすぐに引いたでしょ？」と述べ、Vは「それなら大丈夫ですね」「そうですね！」と返答して、互いに礼を述べ挨拶をして、午前1時25分に会話を終了した。

事業主の対応・提訴の事情等

発覚

・4月12日に、Vが、大学の相談室の人権コーディネータに相談し、更にD准教授のセクハラを理由とする人権侵害の処分申立書を提出した。
・Vは、LINEを切り上げるタイミングを判断できなくなり、D准教授の人柄も分からないままに相手の気分を悪くさせないように当たり障りのないよう気を遣っていたが、1時を越えた頃からの「デートしようか」という投げかけに、この誘いをするために長々と続いていたLINEだったのかと思い、個別に連絡するのも気持ちが悪く感じる、ゼミを辞めたいが、D准教授からあらかじめ取消はできないと言われており、単位を落とすのはとても大きいが、演習のゼミを続けるのは不可能だと判断しているなどと訴えた。
・Vは通院し、急性胃炎（ストレス性）との診断を受けた。

大学による処分

　約3時間にわたり心理的な監禁状態に置いて性的な内容を含めた応答を

事実上強要し、Vは、勉学上の不利益を受けたのみならず、大きな精神的ショック・ストレスを受けて体調を崩し、D准教授の厳しい処分を求めると同時に、セカンドハラスメントを強く危惧しているとして、1か月の停職処分とした（7日は無給、残りは平均賃金の6割支給）。

D准教授の提訴

　D准教授は、LINEの会話内容はセクシュアルハラスメントに該当せず、仮に該当するとしても停職1か月の懲戒処分は重すぎ相当性を欠くもので無効と主張して、無効確認と停職期間中の差額賃金を請求して訴え提起した。

判決の概要

　東京地裁は、懲戒解雇に次ぐ重い懲戒処分として停職を選択したことは重きに失し、停職処分は、客観的合理的理由を欠き社会通念上も相当と認められないから、労働契約法15条に基づき無効であるとするとともに、停職処分により支払われなかった賃金の支払いを認めた。

理由

懲戒事由の該当性

・性的な内容の話題に言及し、女性を容姿で判断する志向を示した上でデートに誘うなど、一般的に女性の立場から見て不快感を感じさせるに足りる内容であることは明らかであり、Vも実際にD准教授の言動に不快感を抱いたのだから、D准教授のLINEにおける言動は、懲戒事由に該当する。

懲戒処分としての相当性

・LINE は全体的に軽佻な冗談を交えた雰囲気のものであり、デートに誘う発言も、V に断られてそれ以上の言動に出るわけでもなく、断られることを前提とした冗談と見るのが自然であり、上下関係を利用してデートすることを目論んだものとは認めがたい。

・V の返答振りも全体としてかなりフランクであり、明確な拒絶をしなかったことに照らすと、D 准教授が、V が困惑していないと誤信し、調子づいて一連の発言をしたことを過剰に非難するのは相当でない。

・上記に加え、D 准教授には懲戒処分歴がないこと、懲戒処分における事情聴取および弁明手続きの中で反省の趣旨を述べていることも斟酌すべき事情である。

2.　最判 平 27.2.26（海遊館事件）

📖 判例のポイント

・会社が行為者に対して行った出勤停止の懲戒処分と人事上の降格処分について、行為者が懲戒権・人事権の濫用として無効確認を請求したが、棄却された判例。

・セクハラ事例とされるが、正社員と派遣社員という関係下におけるパワハラ（精神的な攻撃・個の侵害）の要素もある。

・懲戒処分（出勤停止）と人事上の処分（降格）の有効性の判断について、高裁と最高裁で判断が分かれた事案である。

・受け手が明確に拒否していなかったため行為者が許されていたと誤信していたことをどう評価するかが争点となり、大阪高裁は行為者に有利な事情として斟酌し処分を無効と判断したが、最高裁はこれを否定して処分を有効と判断した。パワハラにも同様の考え方が妥当するものと思われる。

・ハラスメント相談後の会社の対応は参考になる。

ハラスメントの態様等

行為者　D1（派遣先甲社の営業部サービスチームマネージャー：営業部サービスチームの責任者）、D2（甲社の営業部サービスチームの課長代理）

受け手　V1（乙社から甲社に派遣されていた派遣社員。行為当時 30 代前半の女性）、V2（乙社が甲社から請け負っていた業務に従事していた乙社社員。行為当時 20 代半ばの女性）

職場　甲社の営業部：20 数名が勤務。V1 は事務室の壁を仕切った精算室で C 主任と勤務していた。

背景等

D1 マネージャーの言動

　精算室で一人で勤務していた V1 に対し、1 年余にわたり、以下の発言をした。

- ・複数回、自らの不貞相手の年齢（20 代や 30 代）や職業（主婦や看護師等）の話をし、不貞相手とその夫との間の性生活の話をした。
- ・「俺のん、でかくて太いらしいねん。やっぱり若い子はその方がいいんかなあ。」と言った。
- ・複数回、「夫婦間はもう何年もセックスレスやねん。」、「でも俺の性欲は年々増すねん。なんでやろうな。」、「でも家庭サービスはきちんとやってるねん。切替えはしてるから。」と言った。
- ・不貞相手の話をした後、「こんな話をできるのも、あとちょっとやな。寂しくなるわ。」などと言った。
- ・不貞相手が自動車で迎えに来ていたという話をする中で、「この前、カー何々してん。」と言い、V1 に「何々」のところをわざと言わせようとするように話を持ちかけた。

　V1 に対し、以下の言動をした。

- ・不貞相手からの「旦那にメールを見られた。」との内容の携帯電話のメールを見せた。
- ・休憩室において、D1 の不貞相手と推測できる女性の写真をしばしば見せた。
- ・V1 もいた休憩室において、甲の女性客について、「今日のお母さんよかったわ…。」、「かがんで中見えたんラッキー。」、「好みの人がいたなあ。」などと言った。

D2 課長代理の言動等

　D2 課長代理は、以前から女性従業員に対する言動につき甲社内で多数の苦情が出されており、営業部に異動した当初、上司から女性従業員に対する言動に気を付けるよう注意されていた。

　D2 課長代理が V1 に対し、1 年余にわたり、次の発言をした。

・「30 歳は、二十二、三歳の子から見たら、おばさんやで。」「もうお局さんやで。怖がられてるんちゃうん。」「精算室に V1 さんが来たときは 22 歳やろ。もう 30 歳になったんやから、あかんな。」などという発言を繰り返した。

・C 主任もいた精算室内で、「30 歳になっても親のすねかじりながらのうのうと生きていけるから、仕事やめられていいなあ。うらやましいわ。」と言った。

・「毎月、収入どれくらい。時給いくらなん。社員はもっとあるで。」、「お給料全部使うやろ。足りんやろ。夜の仕事とかせえへんのか。時給いいで。したらええやん。」、「実家に住んでるからそんなん言えるねん、独り暮らしの子は結構やってる。ＭＰのテナントの子もやってるで。チケットブースの子とかもやってる子いてるんちゃう。」などと繰り返し言った。

・V1 と V2 に対し、具体的な男性従業員の名前を複数挙げて、「この中で誰か 1 人と絶対結婚しなあかんとしたら、誰を選ぶ。」、「地球に 2 人しかいなかったらどうする。」と聞いた。

・セクハラに関する研修を受けた後、「あんなん言ってたら女の子としゃべられへんよなあ。」、「あんなん言われる奴は女の子に嫌われているんや。」という趣旨の発言をした。

V1 の退職

V1 は、セクハラが一因となって乙社を退職し、甲社での勤務を辞めた。

事業主の対応・提訴の事情等

会社の姿勢

・甲社は、全従業員の過半数が女性であり、来館者の 6 割が女性であること等からセクハラ防止を重要課題として位置づけ、セクハラ研修への毎年参加を全従業員に義務付け、セクハラ禁止文書を従業員に配布・掲示するなどの取組を行っていた。

・甲社の就業規則が定める懲戒処分は戒告・減給・出勤停止・懲戒解雇であり、懲戒処分を受けたときは人事上の処分として降格することができる旨も定められていた。

（発覚と会社の対応）

・退職を決めた V が、職場に残る女性従業員や後任者のことを考え、同様の立場にあった V2 とともに、派遣先甲社の営業部副部長に被害を相談して発覚した。当初は、V1 らが被害申告したことを明らかにしないでほしいという意向だった。

・甲社の元セクハラ相談窓口担当（外部研修 2 回受講）の係長が、勤務時間外にファミレスで V1・V2 から事情聴取し（約 4 時間）、メモを作成した。メモは V1・V2 が内容確認し、係長が被害申告内容を上司に報告することの了解も得た。

・係長が常務・マネージャーにメモを渡して報告

・係長は、さらに V1 らに面談して事実関係を再確認し（約 2 時間）、V1 らに詳しい内容を記載した書面の作成を依頼した。ただし、本件訴訟後に V1 は書面を書証として提出することを了解したが、V2 は了解しなかったため、V2 の書面は訴訟では書証として提出されていない。

・係長は派遣元の乙社からも事情聴取し、乙社から甲社に派遣されていた女性従業員からの匿名による D の発言に関する聞き取り内容一覧を受領した。

・甲社は、D に対し、通報者を探したり接触したり事実確認を受けたことを第三者に口外することを禁止する注意文書を交付したうえで、通報内容を認めるか否かの事実確認をした報告書の提出を指示し、D は甲社に報告書を提出した。

・常務、営業部長、マネージャーが D に対し約 10 分間の事情聴取を実施した（D2 課長代理に告げた上で録音）。

会社による D1 マネージャーの処分

ア．30 日間の出勤停止の懲戒処分

　　・出勤停止期間中の給与約 49 万円は不支給

　　・賞与を約 15.5 万円減額

　　・年齢給の昇給（1490 円 / 月）を受けられず

イ．出勤停止の懲戒処分を受けたことを理由に人事上の降格（等級を 1 等級降級し、チームマネージャーを解任し、施設部施設チーム係長に任命）

　　・降級により職能給が月額 16,600 円減額

　　・管理職手当（約 5.5 万円）とマネージャー手当（月額 2 万円）の支給がなくなる

会社による D2 課長代理の処分

ア．10 日間の出勤停止の懲戒処分

　　・出勤停止期間中の給与約 17 万円は不支給

　　・賞与を約 15.5 万円減額

・年齢給の昇給（1490円／月）を受けられず

イ．出勤停止の懲戒処分を受けたことを理由に人事上の降格（等級を1等
　　級降級し、総務部連絡調整チーム係長に任命）

・降級により職能給が月額6,800円減額

・管理職手当（月額約5.5万円）の支給がなくなる

Dらの訴訟提起

　上記処分を不服としたD1・D2は、懲戒処分と人事権行使としての降格
は懲戒権・人事権の濫用であり無効と主張して提訴した。

判決の概要

大阪高裁 平26.3.28判決

　大阪高裁は、①Dらは、V1から明確な拒否の姿勢を示されておらず、
本件各行為のような言動も同人から許されていると誤信していた、②D
らは、懲戒を受ける前にセクハラに対する懲戒に関する会社の具体的な方
針を認識する機会がなく、本件各行為について甲社から事前に警告や注意
等を受けていなかったことをあげて、懲戒解雇の次に重い出勤停止処分は
酷に過ぎるから、権利の濫用であり無効、出勤停止処分を受けたことを理
由としてなされた人事権行使としての降格も無効と判断した。

最高裁判決

D1・D2の言動と結果の評価

・D1マネージャーは、営業部サービスチームの責任者の立場にありなが
　ら、V1が精算室において1人で勤務している際に、同人に対し、自ら
　の不貞相手に関する性的な事柄や自らの性器、性欲等について殊更に具

体的な話をするなど、極めて露骨で卑わいな発言等を1年余にわたり繰り返したものであり、

・D2課長代理の言動は、上司から女性従業員に対する言動に気を付けるよう注意されていたにもかかわらず、V1の年齢やV1らがいまだ結婚をしていないことなどを殊更に取り上げて著しく侮蔑的ないし下品な言辞で同人らを侮辱し又は困惑させる発言を繰り返し、派遣社員であるV1の給与が少なく夜間の副業が必要であるなどとやゆする発言をするなどを1年余にわたり繰り返したものであり、

・いずれの言動も、女性従業員に対して強い不快感や嫌悪感ないし屈辱感等を与えるもので、職場における女性従業員に対する言動として極めて不適切なものであって、その執務環境を著しく害するものであったというべきであり、当該従業員らの就業意欲の低下や能力発揮の阻害を招来するものといえる。

・しかも、甲社のセクハラ防止のための種々の取組を管理職として理解し、部下職員を指導すべき立場であったにもかかわらず、職場内において1年余にわたり上記のような多数回のセクハラ行為等を繰り返したものであって、その職責や立場に照らしても著しく不適切なものといわなければならない。

・V1は、Dらの行為が一因となって、甲社での勤務を辞めることを余儀なくされており、甲社の企業秩序や職場規律に及ぼした有害な影響は看過し難い。

懲戒処分と人事上の降格処分の有効性の判断

　Dらが過去に懲戒処分を受けたことがなく、Dらの受けた各出勤停止処分がその結果として相応の給与上の不利益を伴うものであったことなどを考慮したとしても、Dらを出勤停止とした処分が懲戒処分として重きに失

し、社会通念上相当性を欠くということはできず、人事権行使としての降格も社会通念上相当性を欠くものということはできないから、各処分は有効である（Ｄらによる各処分の無効確認請求を棄却）。

主な理由

①以下に照らし、仮にＤらがＶから明確な拒否の姿勢を示されていなかったとしても、そのような事情をＤらに有利な事情としてしんしゃくすべきでない。

・甲社はセクハラ防止のために種々の取組を行っていた。

・Ｄらは管理職としてセクハラ防止のために部下職員を指導すべき立場であるにもかかわらず、極めて不適切なセクハラ行為を1年余も繰り返した。

・職場におけるセクハラ行為については、受け手が内心でこれに著しい不快感や嫌悪感等を抱きながらも、職場の人間関係の悪化等を懸念して、加害者に対する抗議や抵抗ないし会社に対する被害の申告を差し控えたりちゅうちょしたりすることが少なくないと考えられる。

②本件各セクハラ行為の多くが第三者のいない状況で行われており、甲社がＤらのセクハラと被害の事実を具体的に認識して警告や注意等を行い得る機会があったとはうかがわれないことから、本件各行為について甲社から事前に警告や注意等を受けていなかったといった事情をＤらに有利にしんしゃくすべきではない。

3.　東京地判 平 27.6.26 （学校法人早稲田大学事件）

☞ 判例のポイント

・セクハラが大学で行われた、アカデミックハラスメントの要素がある事案
　である。
・普通解雇は客観的合理的理由に基づき社会通念上相当であるものとして有
　効とされた事案

ハラスメントの態様等

行為者　D（妻子がある大学院教授）
受け手　V1（女子学生）および V2（女子大学院生。夫・子あり）

背景

・D 教授が、自己の夫婦問題に葛藤し、短期間のうちに女子学生 V1 およ
　び女子大学院生 V2 に恋愛感情を抱いた。

女子学生 V1 への言動

・調査研究のための出張時に、ホテルの部屋にて 2 人で DVD を鑑賞後、
　手を握り、肩を撫でて抱きつくが、V1 は拒否して自室に戻り、母親に
　連絡した。
・D 教授は V1 に多数の弁明メール送信した（V1 はそのたびにパニック
　症状となる）。
・V1 は D 教授の大学院研究室への進学予定を変更し、他の研究室へ進ん
　だ。

女子大学院生 V2 への言動

・D 教授の研究室のソファでの会話時に、V2 の手に自分の手を重ねて握り、「ご主人は相変わらず帰ってこないの？」「嫌ではないですか？」と言うも、V2 は何も答えられなかった。

・D 教授が V2 に抱きつき、V2 は固まり、V2 が顔をそむけるもキスした。

・夜間、公園の木の下で V2 を座らせ、V2 の左手を D 教授の股間に持っていき、服の上から触らせ、V2 の胸を触った。

・「自分も妻と別れるから、あなたもご主人と別れて一緒になろう」と口説くも、V2 は拒否した。

事業主の対応・提訴の事情等

発覚と大学の対応

V1・V2 が大学のハラスメント相談室への相談またはハラスメント防止委員会への苦情申立てをして発覚した。

大学のハラスメント委員会は V1・V2 と D 教授から事情聴取をした。

女子学生 V1 については、同委員会の調整のもと、解決金支払いと D 教授が休職すること等で合意した。

女子大学院生 V2 については、同委員会は、D 教授の言動がガイドラインに違反し重大・深刻なハラスメント行為に該当するとして、大学院長に懲戒処分相当の勧告をした。

そこで査問委員会が設置され、同委員会は D 教授に弁明の機会を与えた後、解任（普通解雇）相当とする報告を大学に提出した。

これを踏まえ、大学は D 教授を即日解雇し、解雇予告手当を支払った。

D 教授の提訴

D 教授は、解任（普通解雇）は解雇権の濫用であり無効であると主張して訴訟提起した。

判決の概要

　東京地裁は、解雇は客観的合理的理由に基づき社会通念上相当であり有効として、請求棄却した。

理由

・（D 教授は V2 とは 1 か月間ほど恋愛関係にあったと反論していた）学生が教員に対して抱く尊敬の念や信頼の情を自らに都合良く恋愛関係に入ったものと思い込んだものとして D 教授と V2 の恋愛関係を否定。

・D 教授が短期間のうちに 2 名の女子学生らと身体接触に及び、その内の 1 人には迷惑も考えずに尋常とはいいかねる大量のメールを送り続け、女子学生らの将来に禍根を残す精神的・肉体的な苦痛を与えたことは、大学の「ハラスメント防止に関するガイドライン」に明らかに違反し、大学および大学院の社会的責任と信用を著しく損なう行為であり、教育者としての資質にも大いなる疑義を抱かざるを得ないと決定したことは、本件事案の評価として正当である。

4.　東京地判 平 22.12.27 （F 社事件）

> **☞ 判例のポイント**
> ・犯罪行為（強制わいせつ）にあたりうる悪質なセクハラについては懲戒解雇が認められるとした判例。
> ・会社による事実確認の手法が参考になる。

ハラスメントの態様等

| 行為者 | D 部長（F 社の部長） |

行為者　D 部長（F 社の部長）

受け手　V1・V2（F 社の業務委託先から F 社に派遣され、ホテル客室に宿泊して、F 社の業務に関連する勉強会に参加していた女性従業員）

背景等

・D 部長や V1・V2 が勉強会とその後の懇親会に参加したところ、2 次会で飲酒酩酊した V1 が嘔吐したため、D 部長が介抱し、更に嘔吐を繰り返す V1 を D 部長が背負って V1・V2 が宿泊していたホテル客室に運んだ。

・D 部長は、V2 から何度も帰宅するように促されたにも関わらず、客室内に居座り、V1・V2 が横になっているベッドの上に自分も横になり、嫌がる V2 のほほや唇にキスをして口の中に 2、3 回舌を入れ、服の中に手を入れて腹や太ももを直接撫で、下着の中にまで手を入れようとした。

・D 部長は、V1 に対しても、嫌がったにも関わらず服の中に手を入れて

直接乳首を触り、これを避けようとした腕を舐め、指で唇を触り、口の中に指を入れるなどした。

事業主の対応・提訴の事情等

発覚と会社の対応

　行為の翌日に業務委託先に帰社したV1・V2が上司に被害申告をして発覚した。

　F社の総務人事部長と担当課長がD部長にヒアリングしたところ、D部長はわいせつ行為を否認した。

　そこでF社は調査を弁護士に委任し、弁護士は、関係者、V1・V2ら（計16名）のヒアリングを行い、4時間に渡るD部長のヒアリングも実施した。

　F社は調査の結果および弁護士の意見を踏まえ、総務人事部で方針を検討し、親会社の人事部にも相談して了承を得て、人事担当執行役員・副社長・社長の決裁を経て、理由を説明する資料を交付して、D部長を懲戒解雇処分とした。

D部長の提訴

　D部長は、懲戒解雇は権利の濫用であり無効と主張して訴訟提起した。

判決の概要

　東京地裁は、懲戒解雇を有効として、請求棄却した。

理由

・16名に及ぶヒアリング調査を行い、D部長に対しても人事部が4回、弁護士が1回、詳細なヒアリングを行い、D部長も顚末書を提出するな

どして言い分を十分に述べることができている。このように、弁護士も
関与した詳細な調査・検討と、これに基づく社内処分を経て行われてお
り、手続的な瑕疵は見当たらない。

・本件わいせつ行為は強制わいせつ罪にも当たりうるものであり、その悪
質性、重大性に照らせば、D部長がこれまで処分歴を有しないことや、
従前の功労等を考慮してもなお、懲戒処分の中で最も厳しい解雇処分を
選択することに十分合理性がある。

5.　東京地判 平 21.4.24（Y社（セクハラ・懲戒解雇）事件）

判例のポイント

・「悪ふざけ」型のセクハラについて、違法なセクハラ行為であっても犯罪行為的なものとは一線を画す程度の場合については、懲戒解雇は権利の濫用であり無効と判断された判例。
・4. の裁判例（東京地判 平 22.12.27：P.208）と比較すると、懲戒解雇については、犯罪行為的なものといえるかどうかが有効性判断の重要な要素となるといえそうである。

ハラスメントの態様等

行為者　D支店長（取締役兼務東京支店支店長）
受け手　D支店長の部下である女性多数

40名が参加した慰安旅行会の宴会でのD支店長のセクハラ行為

・女性従業員を隣に座らせ、手を握ったり肩を抱くなどし（受け手は困りながら拒否できず）、二人で温泉に行こう等と冗談で発言し、同人は曖昧な感じで「いや、結構です」と応じた。
・新人女性従業員が酌に来た際に、膝の上に座るよう求め、当該女性がD支店長の膝ギリギリの中腰の姿勢で酌をしたところ、「何も子供ができるわけじゃないんだぞ」と発言した。
・女性従業員との談笑中に、「最近綺麗になったが、恋をしてるんか」「胸が大きいね、何カップかな、胸が大きいことはいいことやろ」「男性陣の中で誰を選ぶか」「男性が女性を抱きたいと思うように、女性も男性

211

に抱かれたい時があるやろ」と発言した。

・女性従業員と男性数名での談笑時に「この中で好みの男性は誰か」「ワンピースの中のパンツが見えそうだが、俺は見えても全然かまわない」と発言

D支店長の日常的なセクハラ発言

・女性係長のお尻をポーンと叩いたり、食事会で隣に座った際に手を握ったり肩に手を回したりする。また、「夫は単身赴任で寂しくないか」と発言した。

・女性営業主任らとの宴席時に女性営業主任の手を軽く触れ、「まだ結婚しないのか」「俺のことをどう思う」と発言した。

事業主の対応・提訴の事情等

発覚と会社の対応

慰安旅行会宴会でのD支店長の行為について相談窓口に相談があり発覚した。

倫理担当者（部長・課長）が関係者から聴き取りを行い報告書を取得した。さらにD支店長に事情聴取し、これまでのセクハラ・パワハラについて上申書を書くことを勧めた。

そのうえで、倫理委員会が、D支店長の取締役解任・懲戒解雇を会社に勧告し、会社はD支店長を懲戒解雇し、解雇予告手当を支給のうえ、退職金不支給とした。

D支店長の提訴

D支店長は、懲戒解雇は権利の濫用であり無効と主張して訴訟提起した。

判決の概要

　東京地裁は、懲戒解雇は権利の濫用であり無効であるとして請求を認容した。

理由

・D支店長の部下の女性らに対する言動は、単なるスキンシップとか、「D支店長流の交流スタイル」というようなもので説明できるものではなく、違法なセクハラ行為であるうえ、いずれも、支店長という上司の立場にあった故にできたことであって、これらが就業規則の「職務、地位を悪用したセクシャルハラスメントにあたる行為」に該当することは明らかである。

・しかし、D支店長の日頃のセクハラ言動は宴席等で女性従業員の手を握ったり、肩を抱くという程度のものにとどまっているものであり、また、本件宴会での一連の行為もいわゆる強制わいせつ的なものとは一線を画すものといえ、他方、D支店長はD社に対して相応の貢献をしてきており、反省の情も示している。

・また、これまでD支店長のセクハラ行為につき指導や注意がされたことはない。

・これらの本件諸事情に照らせば、本件懲戒解雇は重きに失し、その余の手続き面等について検討するまでもなく、客観的に合理的な理由を欠き、社会通念上、相当なものとして是認することができず、権利濫用として無効である。

第3章

妊娠・出産・育児休業等に関する
ハラスメントの裁判例

1. 東京地判 平 30.7.5（フーズシステム事件）

👆 判例のポイント

・所定労働時間の短縮措置等の申出等を理由とする不利益取扱いの禁止（育児・介護休業法23条の2）に関する事例。
・育児のための所定労働時間の短縮申出を理由として、無期嘱託雇用契約を有期パート雇用契約に変更することは、育児・介護休業法23条の2に違反する不利益取扱いとして無効であると判断した。
・本人が有期パート雇用契約書に署名押印していても、自由な意思に基づいてなされたものと認めるに足りる合理的な理由が客観的に存在すると認めることができない場合は自由意思による合意がないとした。

ハラスメントの態様等

行為者　D1（取締役）、D2（課長）
受け手　V（事業統括という職務・職位を付された無期雇用の嘱託社員）

会社側の行為等

・Vが第一子出産後、会社復帰するにあたり、D1・D2と面談し、時短勤務（育児・介護休業法23条による所定労働時間の短縮措置）を希望したところ、D2は、勤務時間短縮のためにはパート社員になるしかない旨説明し、理由についての説明は特にしなかった。
・Vは、雇用形態の変更と賞与が支給されなくなることに釈然としないながらも、出産で他の従業員に迷惑をかけているという気兼ねもあり、他の就職先を探すのも極めて困難であることも考慮して、有期のパート社

員雇用契約書に署名押印した。

・その後、Vが有給休暇を申請したところ、D2課長は、パート社員に雇用形態が変わった時点でそれ以前の有給休暇（25日あった）は残っていないとして認めなかった。

・Vが第二子を妊娠し、産休・育休の取得を希望したが、D2課長はこれを認めない意向を示した。Vは県労働局雇用均等室に相談し、会社は産休・育休の取得を認めた。

・第二子の育休に入っていたVが従前どおりの時給額での復帰の希望を会社に伝えたところ、会社は、代理人弁護士名の通知書で、パート契約を更新しない旨の通知をした。

提訴の事情

Vの訴訟提起

Vは、有期のパート社員への雇用形態変更は所定労働時間の短縮申出または短縮措置の利用を理由としてなされた不利益取扱いであり、育児・介護休業法23条の2に違反し無効である等と主張して、元の無期雇用嘱託社員の地位確認等を求めて提訴した。

判決の概要

東京地裁は、Vの請求を認めて、Vの事業統括たる期間の定めのない雇用契約上の地位の確認や未払賃金の支払等を命ずる判決をした。

理由

・有期パート社員雇用契約を締結したことは、育児・介護休業法23条の所定労働時間の短縮措置を求めたことを理由とする不利益取扱い（育児・介護休業法23条の2）にあたる。

・育児・介護休業法23条の2違反の不利益取扱いは原則無効であるが、不利益の内容および程度、労働者が合意するに至った経緯およびその態様、当該合意に先立つ労働者への情報提供または説明の内容等を総合考慮し、<u>当該合意が労働者の自由な意思に基づいてされたものと認めるに足りる合理的な理由が客観的に存在する場合</u>には、労働者と使用者との合意に基づくものであり、違法・無効とはならない。

・本件でVが有期パート社員雇用契約書に署名押印した点については、Vに大きな不利益を与えることや嘱託社員のまま勤務できない理由やパート契約締結に伴う経済的な不利益等について十分な説明がなかった等の事情を考慮して、Vの自由な意思に基づいてなされたものと認めるに足りる合理的な理由が客観的に存在すると認めることはできない。

・したがって、上記不利益取扱いは無効だから、Vは無期雇用嘱託社員としての地位を有していたのであり、会社がしたパート契約を更新しない旨の通知は、雇止めの通知ではなく解雇の意思表示である。

・そして、上記解雇については、客観的に合理的な理由を欠き、社会通念上相当であるとは認められないから、労働契約法16条により無効である。

2. 福岡地裁小倉支部判 平 28.4.19 (ツクイほか事件)

> ### 📖 判例のポイント
>
> ・妊娠（軽易な業務への転換申出）に関する、パワハラの要素もあるマタニティハラスメントについて、慰謝料が認められた判例。
> ・勤務時間短縮措置が違法なハラスメントといえるかも争われたが、これは否定された。

ハラスメントの態様等

行為者　D（介護サービス会社の介護施設営業所所長）
受け手　V（介護職員。有期雇用で勤務約4年）

行為等

① VがDに妊娠を報告し、重たいものを持てないなどとして業務の軽減を求めたところ、Dは担当業務のうち何ができて何ができないか確認するよう指示したまま1か月以上放置した。

② VがDと面談し、業務軽減を再度求め、できない業務が多いという感想を漏らしたところ、Dは、以下の発言をした。

「何よりも何ができません、何ができますちゅうのも不満なんやけど、まず第一に仕事として一生懸命していない人は働かなくてもいいと思ってるんですよね」、「仕事は仕事やけえ、ほかの人だって、病気であろうと何であろうと、仕事っちなったら、年齢も関係ないし、資格がもちろんあるけど、もう、この空間、この時間を費やすちゅうことに対しての対価をもらいよるんやけえ、やっぱり、うん、特別扱いは特にする

つもりはないんですよ」、「万が一何かあっても自分は働きますちゅう覚悟があるのか、最悪ね。だって働くちゅう以上、そのリスクが伴うんやけえ」、「妊娠がどうのとか、本当に関係なく、最近の自分の行動、言動、いつも、ずっとずっと注意されよったことを、もう一回思い出してもらって、取り組んでもらって、それが、改善が見えない限りは、本当にもう、全スタッフ一緒ですよね。更新はありませんよちゅうのは、そういうことですよね。」「本当にこんな状態で、制服も入らんような状態で、どうやって働く？」「きついとか、そんなのもあるかもしれんけど、体調が悪いときは体調が悪いときで言ってくれて結構やし。やけど、もう、べつに私、妊婦として扱うつもりないんですよ。こういうところはもちろんね、そうやけど、人として、仕事しよう人としてちゃんとしてない人に仕事はないですから」

　そして、Dは、Vに対し、できる業務とできない業務について、再度、医師に確認して申告するよう指示し、業務内容の変更などの措置を講じなかった。そのため、Vは、機械を使用した入浴介助や車いすを抱えて階段昇降を行う送迎等の業務を行い、体調が悪いときは、他の職員に代わってもらっていた。

③上記面談後から約3か月後に、Vが本部長およびエリア統括と面談し、再度、業務の軽減を求めたところ、ようやく業務軽減が図られるようになった。また、DがVの体調に配慮して、Vの勤務時間をそれまでの1日8〜10時間から4時間程度とした。

・その後、Vが育休を取得した。

提訴の事情

Vの訴訟提起

　Vは、Dと会社を被告として、慰謝料500万円を求めて提訴した。

判決の概要

　福岡地裁小倉支部は、Dの言動が不法行為にあたるとして慰謝料35万円の支払いを命じた（会社は使用者責任により連帯して責任を負うとした）。

理由

・②（面談時の発言の業務上の必要性は肯定）Dの発言は、Vの勤務態度が真摯な姿勢とはいえず、妊娠によりできない業務があるのはやむを得ないとしても、できる範囲で創意工夫する必要があるのではないかという指導の必要性があり、いやがらせの目的はないから、その目的に違法性はない。しかし、（面談時の発言の社会通念上の相当性は否定）Dの発言は、妊娠していることについての業務軽減等の要望をすることは許されないとの認識を与えかねないもので、相当性を欠き、社会通念上許容される範囲を超えたものであって、妊産婦労働者の人格権を害するものといわざるを得ない。したがって、Dの面談時における発言は、不法行為を構成する。

・DはVに対してVの職場環境を整える義務を負っていた。そして、Dが拱手（きょうしゅ）傍観し、なんらの対応をしなかったことは、職場環境を整える義務に違反するから、不法行為を構成する。

・（③でDがVの勤務時間を一方的に4時間としたことについて、Vは、DがVの勤務時間を極端に短縮する違法行為を行ったと主張したが）Dの目的に違法はなく、4時間勤務としてDが勤務した日数が8日間であったことなどから、必ずしも異常な措置とはいえないから、労働の軽減を求めていたVに対する措置として違法とまでいうことはできない。

3. 最判 平 26.10.23（広島中央保健協同組合事件）

👆 判例のポイント

・妊娠中の軽易業務への転換を契機として降格する措置は、原則として男女雇用機会均等法9条3項が禁止する不利益取扱いにあたり無効とされた事例。

ハラスメントの態様等

受け手　V（医療機関Cに勤めていた理学療法士の女性）

行為等

・Vは、訪問リハビリ業務から病院リハビリ業務への異動を希望した（労基法65条3項の妊娠中の軽易業務への転換請求に当たる）。
・異動先には既に副主任がいたため、異動とともにVの副主任（管理職手当は9500円）を免ずるとの辞令が出た。
・Vは渋々了解して病院リハビリ業務に従事し、産前・産後休業、育児休業を経て職場復帰したが、副主任に任ぜられることがなかった。

提訴の事情

Vの訴訟提起

　Vは、副主任を免じた措置は男女雇用機会均等法9条3項に違反し無効として、副主任手当の支払いや慰謝料等を請求して訴訟提起した。

判決の概要

　最高裁は、本件を高裁に差し戻した。

　そして、広島高裁の差戻審判決は、Ｖの請求を認める判決を出した。

理由

　最高裁は、軽易業務転換を契機として降格させる措置は、原則として男女雇用機会均等法が禁止する不利益取扱いに当たるとしつつも、特段の事情（以下の例外 1 と例外 2）が存在するときは、法が禁止する不利益取扱いに当たらないとした。

（例外 1）

　　①労働者が当該取扱いに同意している場合において、②有利な影響の内容や程度が当該取扱いによる不利な影響の内容や程度を上回り、事業主から適切に説明がなされる等、一般的な労働者であれば同意するような合理的な理由が客観的に存在するとき

（例外 2）

　　①業務上の必要性から不利益取扱いを行わざるを得ず、②業務上の必要性の内容や程度が、当該不利益取扱いにより受ける影響の内容や程度を上回ると認められる特段の事情が存在すると認められるとき

　その上で、最高裁は、本件は例外 2 には該当しないが、本件が例外 1 に該当するかの審理を尽くす必要があるとして、高裁に差し戻した。

　そして、広島高裁の差戻審判決は、例外 1 も例外 2 も認められないとして、請求認容判決を出した。

著者紹介

坂東 利国（ばんどう よしくに）

慶應義塾大学法学部法律学科卒業　弁護士（東京弁護士会）
東京エクセル法律事務所 パートナー弁護士
日本労働法学会所属
日本 CSR 普及協会所属
一般財団法人日本ハラスメントカウンセラー協会顧問

［主な著書］
「マイナンバー社内規程集」（日本法令・2015 年）、「マイナンバー実務検定公式テキスト」
（日本能率協会マネジメントセンター・2015 年）、「社労士のためのマイナンバー関連書
式集」（日本法令・2016 年）、「中小企業のためのマイナンバー関連書式集」（日本法令・
2016 年）、「個人情報保護士認定試験公認テキスト」（全日本情報学習振興協会・2017
年）、「改正個人情報保護法対応規程・書式集」（日本法令・2017 年）、「無期転換制度に
よる法的リスク対応と就業規則等の整備のポイント（DVD）」（日本法令・2018 年）「『同
一労働・同一賃金』の実務（DVD）」（日本法令・2019 年）、「働き方改革と労働法務（働
き方改革検定公式テキスト）」（マイナビ出版・2019 年）ほか

人事に役立つ　ハラスメント判例集 50

2020 年 3 月 10 日	初版第 1 刷発行
2020 年 6 月 30 日	第 2 刷発行
2023 年 1 月 26 日	第 3 刷発行

著　者	坂東利国
編　者	一般財団法人 全日本情報学習振興協会
発行者	牧野 常夫
発行所	一般財団法人 全日本情報学習振興協会
	〒101-0061　東京都千代田区神田三崎町 3-7-12
	清話会ビル 5F
	TEL：03-5276-6665
販売元	株式会社　マイナビ出版
	〒101-0003　東京都千代田区一ツ橋 2-6-3
	一ツ橋ビル 2F
	TEL：0480-38-6872（注文専用ダイヤル）
	03-3556-2731（販売部）
	URL：http://book.mynavi.jp
DTP・印刷・製本	日本ハイコム株式会社